Desenvolvedor web front-end: JavaScript

SÉRIE INFORMÁTICA

Dados Internacionais de Catalogação na Publicação (CIP)
(Claudia Santos Costa – CRB 8ª/9050)

Corrêa, Fábio
Desenvolvedor web front-end : JavaScript / Fábio Corrêa. – São Paulo : Editora Senac São Paulo, 2025. (Série Informática)

Bibliografia.
ISBN 978-85-396-5635-6 (impresso/2025)
e-ISBN 978-85-396-5636-3 (ePub/2025)
e-ISBN 978-85-396-5637-0 (PDF/2025)

1. Programação para internet. 2. JavaScript (Linguagem de programação). I. Título. II. Série.

25-2505c

CDD – 005.276
006.76
BISAC COM060160
COM051260

Índice para catálogo sistemático:

1. Programação para internet 005.276
2. Internet : Programação web 006.76

Desenvolvedor web front-end: JavaScript

Fábio Corrêa

Editora Senac São Paulo – São Paulo – 2025

Gerente/Publisher: Luís Américo Tousi Botelho
Coordenação Editorial: Verônica Marques Pirani
Prospecção: Andreza Fernandes dos Passos de Paula
Dolores Crisci Manzano
Paloma Marques Santos
Administrativo: Marina P. Alves
Comercial: Aldair Novais Pereira
Comunicação e Eventos: Tania Mayumi Doyama Natal

Edição e Preparação de Texto: Lucia Sakurai
Coordenação de Revisão de Texto: Marcelo Nardeli
Revisão de Texto: Gabriel Joppert
Coordenação de Arte e Projeto Gráfico: Antonio Carlos De Angelis
Editoração Eletrônica e Capa: Manuela Ribeiro
Imagens: Adobe Stock e prints de tela realizados pelo autor
Impressão e Acabamento: ARFernandez

Editora Senac São Paulo
Av. Engenheiro Eusébio Stevaux, 823 – Prédio Editora
Jurubatuba – CEP 04696-000 – São Paulo – SP
Tel. (11) 2187-4450
editora@sp.senac.br
https://www.editorasenacsp.com.br

Sumário

Apresentação 11

O que é a Série Informática 13

Estrutura do livro 14

1 Sintaxe JavaScript, variáveis e tipos de dados 15

Sintaxe JavaScript 17

Inserção de comentários 18

Métodos *document.write()* e *document.getElementById()* 18

Tipos de variáveis e tipos de dados 19

Atividades 20

Atividade 1 – Preparar o arquivo para inserir o código JavaScript 20

Atividade 2 – Inserir comentários de linha e de bloco 21

Atividade 3 – Conhecer o método *document.write()* 22

Atividade 4 – Conhecer o método *document.getElementById()* 23

Atividade 5 – Conhecer os tipos de dados do JavaScript 24

Atividade 6 – Conhecer o tipo de dado objeto do JavaScript 27

Exercícios extras 29

Síntese do aprendizado 30

2 Operadores 31

Operadores incrementais 33

Operadores comparativos 33

Operadores aritméticos 34

Operadores lógicos 34

Atividades 35

Atividade 1 – Conhecer os operadores incrementais 35

Atividade 2 – Conhecer os operadores comparativos 38

Atividade 3 – Conhecer os operadores aritméticos 41

Atividade 4 – Conhecer os operadores lógicos 45

Exercícios extras 53

Síntese do aprendizado 54

3 Arrays (vetores) 55

Trabalhando com arrays 57

Gerenciando tarefas com arrays 57

Arrays em jogos 57
Atividades 59
Atividade 1 – Como criar um vetor 59
Atividade 2 – Descobrir quantos itens há em um vetor 61
Atividade 3 – Percorrer um vetor com um laço 63
Atividade 4 – Unir o conteúdo de vetores 65
Atividade 5 – Adicionar elementos no início de um vetor 67
Atividade 6 – Adicionar elementos no final de um vetor 69
Exercícios extras 71
Síntese do aprendizado 71

4 Laço de repetição 73
Principais laços de repetição do JavaScript 75
Atividades 76
Atividade 1 – Conhecer o laço de repetição *FOR* 76
Atividade 2 – Conhecer o laço de repetição *DO* 78
Atividade 3 – Conhecer o laço de repetição *WHILE* 81
Exercícios extras 84
Síntese do aprendizado 84

5 Variável acumuladora 85
Usos da variável acumuladora 87
Atividades 88
Atividade 1 – Conhecer a variável acumuladora em conjunto com a função *parseInt()* 88
Atividade 2 – Conhecer a variável acumuladora em conjunto com a função *parseFloat()* 91
Exercícios extras 94
Síntese do aprendizado 94

6 Estrutura condicional 95
Estruturas condicionais em programação 97
Atividades 98
Atividade 1 – Conhecer a estrutura condicional simples 98
Atividade 2 – Conhecer a estrutura condicional composta 100
Atividade 3 – Conhecer a estrutura condicional ternário 104
Atividade 4 – Conhecer a estrutura condicional escolha 108
Exercícios extras 112
Síntese do aprendizado 112

7 Controle de fluxo 115

Flexibilidade e controle sobre os algoritmos 117

Comando *break* 117

Comando *continue* 117

Atividades 118

Atividade 1 – Conhecer o comando *break* 118

Atividade 2 – Conhecer o comando *continue* 120

Exercícios extras 122

Síntese do aprendizado 122

8 Funções 123

Conceito de função em programação 125

Atividades 126

Atividade 1 – Declarar uma função sem parâmetro 126

Atividade 2 – Declarar uma função com parâmetros (exemplo 1) 128

Atividade 3 – Declarar uma função com parâmetros (exemplo 2) 131

Atividade 4 – Declarar uma função com parâmetros (exemplo 3) 135

Atividade 5 – Declarar uma função com parâmetros (exemplo 4) 138

Atividade 6 – Declarar uma função com parâmetros (exemplo 5) 141

Exercícios extras 145

Síntese do aprendizado 146

9 Objeto 147

Propriedades e métodos do objeto 149

Atividades 150

Atividade 1 – Criar um objeto e definir métodos 150

Exercícios extras 154

Síntese do aprendizado 154

10 DOM 155

Entendendo o DOM: a ponte entre o HTML e o JavaScript 157

Atividades 158

Atividade 1 – Alterar estilos CSS (exemplo 1) 158

Atividade 2 – Alterar estilos CSS (exemplo 2) 161

Atividade 3 – Inserir elementos HTML (exemplo 1) 164

Atividade 4 – Inserir elementos HTML (exemplo 2) 168

Atividade 5 – Inserir elementos HTML (exemplo 3) 170

Atividade 6 – Remover elementos HTML 173
Atividade 7 – Conhecer os métodos *setInterval()* e *clearInterval()* 175
Atividade 8 – Conhecer os eventos *onmousedown* e *onmouseup* 178
Exercícios extras 181
Síntese do aprendizado 181

11 jQuery 183
Conceitos e funcionalidades 185
Compreender o que é o jQuery e sua utilidade na simplificação do JavaScript 185
Importar a biblioteca jQuery de forma correta em um projeto HTML 186
Atividades 189
Atividade 1 – Conhecer e aplicar o método *slideToggle()* para efeitos verticais 189
Atividade 2 – Conhecer uma alternativa para o *slideToggle()* na horizontal 191
Atividade 3 – Fazer uma validação de formulário 194
Exercícios extras 198
Síntese do aprendizado 198

12 Atividades para o projeto 199
Atividades 201
Atividade 1 – Criar um banner rotativo 201
Atividade 2 – Criar uma galeria de imagens com efeito lightbox 203
Atividade 3 – Criar links para abrir textos em uma janela modal 208
Atividade 4 – Conhecer o jQuery validation (validação de formulário) 213
Síntese do aprendizado 218

Referências 219

Sobre o autor 223

Apresentação

Você já se perguntou como os sites modernos conseguem responder instantaneamente às suas ações? Como um botão ou um link podem mudar de cor quando o cursor do mouse passa sobre eles ou como uma página pode exibir novos conteúdos sem precisar recarregar? Isso acontece graças ao JavaScript, uma linguagem que dá vida às páginas da web!

Seja para criar animações envolventes, formular respostas inteligentes em tempo real ou até desenvolver aplicações completas, o JavaScript é a chave para transformar páginas estáticas em experiências dinâmicas e interativas.

JavaScript é uma linguagem de programação flexível e dinâmica que permite criar comportamentos interativos em páginas web. Sua tipagem é feita de forma automática, dispensando a declaração explícita de tipos, o que facilita o desenvolvimento. Adaptável a diferentes estilos de programação, pode ser utilizada de forma imperativa, funcional ou orientada a objetos. Ao lado do HTML e do CSS, compõe a base essencial da construção de interfaces para web.

O JavaScript permite criar conteúdo que se atualiza dinamicamente, controlar multimídias, imagens animadas, além de outros recursos interessantes. O objetivo deste livro é desenvolver a competência de adicionar recursos de interatividade em páginas web com JavaScript.

A obra é voltada a profissionais e estudantes que desejam ampliar seus conhecimentos em desenvolvimento de projetos web, tendo em vista o negócio próprio ou a atuação em diversos contextos profissionais, tais como: web designers, desenvolvedores front-end e back-end, programadores web, publicitários, entre outros.

Para o desenvolvimento dos códigos, será necessária a utilização de um software editor de códigos, como Visual Studio Code, Sublime, Brackets, NotePad++, entre outros.

Neste livro, você compreenderá como essa poderosa linguagem funciona explorando seus conceitos fundamentais e aprenderá a utilizá-la para aprimorar seus projetos.

Preparado para mergulhar no mundo do JavaScript e desbloquear novas possibilidades?

O que é a Série Informática

A Série Informática foi desenvolvida para que você aprenda informática sozinho, sem professor! Com ela, é possível estudar, sem dificuldade, as tecnologias e aplicações mais utilizadas no mercado.

Para aproveitar o material da Série Informática é necessário ter em mãos o livro, um equipamento que atenda às configurações necessárias e o software a ser estudado.

Neste volume, apresentamos informações básicas para a operação do JavaScript. O livro é composto de atividades que lhe permitem estudá-la passo a passo. Leia-as com atenção e siga todas as instruções. Se encontrar algum problema durante uma atividade, recomece-a. Isso vai ajudá-lo a esclarecer dúvidas e suplantar dificuldades.

Estrutura do livro

Este livro está dividido em capítulos que contêm uma série de atividades práticas e informações teóricas sobre o JavaScript. Inicie pelo capítulo 1, leia com atenção as instruções e execute passo a passo os procedimentos solicitados.

Para obter o melhor rendimento possível em seus estudos, é fundamental que você:

- leia com atenção todos os itens do texto, pois sempre encontrará informações úteis para a execução das atividades;
- faça apenas o que estiver indicado no item e só execute uma sequência após ter lido atentamente sua instrução.

Bons estudos!

1

Sintaxe JavaScript, variáveis e tipos de dados

Objetivo

» Neste capítulo, abordaremos a sintaxe JavaScript, a inserção de comentários, os métodos *document.write()* e *document.getElementById()*, e os tipos de variáveis e de dados, além de uma revisão de conceitos de lógica de programação.

Atenção: Acesse pelo QR code a pasta de materiais de apoio. Observe que há duas pastas, uma chamada *exercicios*, que contém os exercícios na fase inicial para você desenvolver os códigos, e outra, nomeada *exercicios-prontos*, para você conferir os resultados. As duas pastas estão organizadas conforme a seguinte estrutura:

```
exercicios
 ├── 01-tipo-de-dados
 ├── 02-operadores
 ├── 03-vetores
 ├── 04-lacos
 ├── 05-variavel-acumuladora
 ├── 06-condicionais
 ├── 07-controle-de-fluxo
 ├── 08-funcoes
 ├── 09-objeto
 ├── 10-dom
 ├── 11-jquery
 ├── 12-atividades-projeto
 └── exercicios-extras
```

Sintaxe JavaScript

A sintaxe do JavaScript define as regras para escrever o código corretamente. Algumas regras básicas incluem:

- Cada instrução termina com ; (ponto e vírgula. Opcional, mas recomendado).
- O JavaScript diferencia maiúsculas e minúsculas (var nome ≠ var Nome).
- As instruções são executadas de cima para baixo.

  Exemplo:

```
// Declarando a variável mensagem
var mensagem = "Olá, mundo";
// Mostrando o conteúdo da mensagem no console
console.log(mensagem);
```

Inserção de comentários

Os comentários servem para explicar e organizar o código, mas são ignorados pelo JavaScript quando executado.

- Comentário de uma linha: usar // antes do texto.
- Comentário de múltiplas linhas: usar /* ... */.

  Exemplo:

```
// Aqui temos um comentário de uma linha
var nome = "Pedro";
/*
   Aqui temos um comentário que ocupa várias linhas, é utilizado para documentar ou
   explicar partes maiores de um código.
*/
```

Métodos *document.write()* e *document.getElementById()*

Esses métodos são usados para manipular o conteúdo da página HTML.

- *document.write()*

  Escreve diretamente no corpo do documento HTML, ou seja, no local onde o comando foi escrito.

  Exemplo:

```
document.write("Esta frase foi escrita em JavaScript");
```

Atenção: Este método pode sobrescrever o conteúdo da página se usado após o carregamento.

- *document.getElementById()*

  Usado para acessar e modificar elementos HTML pelo Id.

  Exemplo:

```
<p id="teste">Olá mundo!</p>
<button onclick="mudaTexto()">Mudar texto</button>

<script>
  function mudaTexto(){
      document.getElementById("teste").innerHTML = "JavaScript";
  }
</script>
```

Tipos de variáveis e tipos de dados

As variáveis armazenam valores e podem ser declaradas com *var*, *let* ou *const*.

Tipos de dados:

- **String (texto):** "Olá, mundo!"
- **Number (números):** 10, 3.14
- **Boolean (verdadeiro ou falso):** true, false
- **Array (lista de valores):** ["Maçã", "Pera", "Laranja"]
- **Object (objeto com propriedades):** { nome: "João", idade: 30 }

  Exemplo:

```
var nome = "Maria Aparecida";
var idade = 25;
var ativo = true;
var frutas = ["Maçã", "Pera", "Laranja"];
var pessoa = { nome: "Pedro", idade: 35 };

console.log(nome, idade, ativo, frutas, pessoa);
```

Atividades

Atividade 1 – Preparar o arquivo para inserir o código JavaScript

1. Abra o arquivo *01-primeira-pagina.html* localizado na pasta *01-tipos-de-dados.*
2. Na linha 9 está o título da página e, logo abaixo, na linha 10, observe que existe um parágrafo vazio com um Id chamado *texto*.
3. Na linha 11 digite *<script>*.
4. Agora, na linha 13, digite *</script>*.
5. Observe que você tem a abertura e o fechamento da tag de script e será entre essas tags que os códigos em JavaScript serão criados.
6. Salve o arquivo.
7. Confira a seguir:

```
1  <!DOCTYPE html>
2  <html lang="pt-br">
3  <head>
4      <meta charset="utf-8">
5      <meta name="viewport" content="width=device-width, initial-scale=1">
6      <title>Primeira página em JavaScript</title>
7  </head>
8  <body>
9      <h1>Primeira página em JavaScript</h1>
10     <p id="texto"></p>
11     <script>
12 
13     </script>
14 </body>
15 </html>
```

Atividade 2 – Inserir comentários de linha e de bloco

1. No arquivo *01-primeira-pagina.html*, clique na linha 12.
2. Pressione a tecla *Tab* para indentar o código (fundamental para o código ficar bem legível).
3. Para criar um comentário de linha, digite: // *Comentário de linha.*
4. Observe que agora você tem um comentário. Para um comentário de bloco, em que várias linhas são inseridas, siga as etapas abaixo:
   a. Pressione a tecla *Enter* para criar uma linha.
   b. Na linha 13, digite: /* *Isto é um comentário*
   c. Pressione a tecla *Enter* no final da linha 13.
   d. Na linha 14 digite: *que contém várias*
   e. Pressione a tecla *Enter* no final da linha 14
   f. Na linha 15 digite: *linhas de informações* */
   g. Salve seu arquivo e confira a seguir:

```
1  <!DOCTYPE html>
2  <html lang="pt-br">
3  <head>
4      <meta charset="utf-8">
5      <meta name="viewport" content="width=device-width, initial-scale=1">
6      <title>Primeira página em JavaScript</title>
7  </head>
8  <body>
9      <h1>Primeira página em JavaScript</h1>
10     <p id="texto"></p>
11     <script>
12         // Comentário de linha
13         /* Isto e um comentário
14            que contém várias
15            linhas de informações */
16     </script>
17
18 </body>
19 </html>
```

Atividade 3 – Conhecer o método *document.write()*

1. Abra o arquivo *01-primeira-pagina.html* localizado na pasta *01-tipos-de-dados*.
2. No final da linha 15, pressione a tecla *Enter*.
3. Digite o seguinte comando: *document.write('Meu primeiro texto em JavaScript');*
4. Salve o arquivo.

Atenção: O JavaScript é uma linguagem case-sensitive, ou seja, ela diferencia letras maiúsculas e minúsculas. Observe que o comando está escrito em minúsculo, apenas o texto que está entre aspas simples tem letra maiúscula no início, por se tratar de uma string, e não um comando. Lembre-se que em HTML usamos aspas duplas para atribuição dos valores das propriedades; já no JavaScript, você irá utilizar aspas simples.

5. Para executar, abra a pasta *01-tipos-de-dados* e clique duas vezes no arquivo *01-primeira-pagina.html*.
6. Observe o resultado no navegador conforme a seguir:

Figura 1.1. Resultado com método *document.write()*

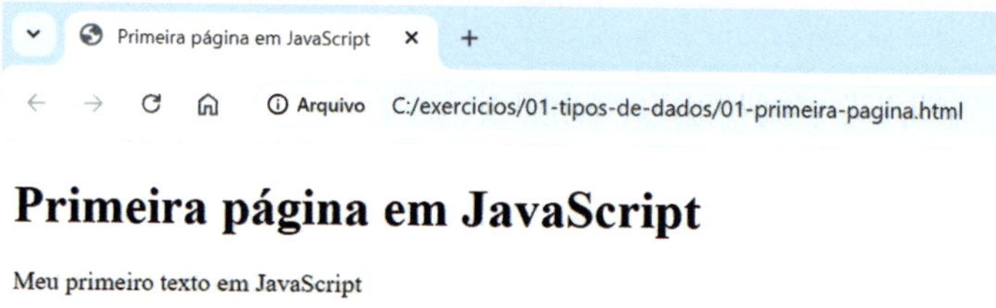

Atividade 4 – Conhecer o método *document.getElementById()*

1. Abra o arquivo *01-primeira-pagina.html* localizado na pasta *01-tipos-de-dados.*
2. No final da linha 16, pressione a tecla *Enter.*
3. Digite o seguinte comando: *document.getElementById('texto').innerHTML = 'Segundo texto em JavaScript';*
4. Observe que o método *getElementById()* tem algumas letras maiúsculas.
5. O objetivo desse método é obter um elemento que tenha um Id com o nome *texto* e atribuir a esse elemento a frase que está logo após a propriedade *innerHTML.*
6. Salve o arquivo.
7. Para executar, abra a pasta *01-tipos-de-dados* e clique duas vezes no arquivo *01-primeira-pagina.html.*
8. Observe o resultado no navegador conforme a seguir:

Figura 1.2. Resultado com método *document.getElementById()*

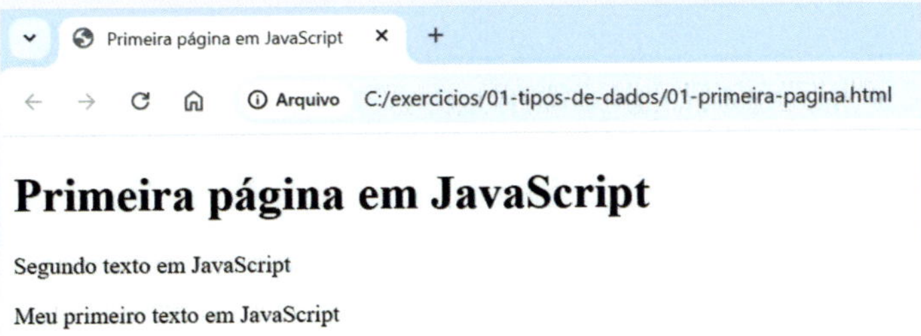

9. Perceba que mesmo que o último comando esteja no final do arquivo, apareceu antes da frase *"Meu primeiro texto em JavaScript"*, porque nosso parágrafo com o *id="texto"* já estava no início do arquivo, definindo o local para a frase aparecer.

10. Confira o seu código:

```
<!DOCTYPE html>
<html lang="pt-br">
<head>
    <meta charset="utf-8">
    <meta name="viewport" content="width=device-width, initial-scale=1">
    <title>Primeira página em JavaScript</title>
</head>
<body>
    <h1>Primeira página em JavaScript</h1>
    <p id="texto"></p>
    <script>
        // Comentário de linha
        /* Isto e um comentário
           que contém várias
           linhas de informações */
        document.write('Meu primeiro texto em JavaScript');
        document.getElementById('texto').innerHTML = 'Segundo texto em JavaScript';
    </script>

</body>
</html>
```

Atividade 5 – Conhecer os tipos de dados do JavaScript

1. Abra o arquivo *02-tipo-de-dados.html* localizado na pasta *01-tipos-de-dados*.
2. A partir deste ponto, você terá os arquivos previamente preparados na marcação HTML, assim será mais fácil se concentrar no JavaScript.
3. Observe também que as marcações de início e fim da tag *<script>* já estão prontas no final do arquivo.
4. Confira abaixo:

```
<!DOCTYPE html>
<html lang="pt-br">
<head>
    <meta charset="utf-8">
    <meta name="viewport" content="width=device-width, initial-scale=1">
    <title>Tipo de dados</title>
</head>
<body>
    <h1>Tipo de dados</h1>
    <p id="teste1">O valor de a é: </p>
    <p id="teste2">O valor de b é: </p>
    <p id="teste3">O valor de c é: </p>
    <p id="teste4">O valor de d é: </p>
    <p id="teste5">O valor de e é: </p>
    <p id="teste6">O valor de f é: </p>
    <p id="teste7">O valor de g é: </p>

    <script>

    </script>
</body>
</html>
```

5. Clique na linha 19 para iniciar o código. Lembre-se de indentar o código pressionando a tecla *Tab* uma vez para posicionar o cursor.

6. Agora você vai criar um comentário para organizar o código e, em seguida, as variáveis, conforme a seguir:

```
18        <script>
19            // Definindo as variáveis
20            var a;
21            var b = 1;
22            var c = [1,2,3,4,5];
23            var d = ['Verde', 'Amarelo', 'Azul', 'Branco'];
24            var e = 'JavaScript';
25            var f = false;
26            var g = null;
27
28        </script>
29    </body>
30    </html>
```

7. Neste ponto, você criou as seguintes variáveis:
   a. Variável *a*, sem nenhuma definição de tipo e valor;
   b. Variável *b*, do tipo inteiro com o valor *1*;
   c. Variável *c*, do tipo array ou vetor, com os valores *1, 2, 3, 4, 5*;
   d. Variável *d*, do tipo array ou vetor, com os valores *Verde, Amarelo, Azul, Branco*;
   e. Variável *e*, do tipo string ou texto, com o valor *JavaScript*;
   f. Variável *f*, do tipo lógica, com o valor *false*;
   g. Variável *g*, sem definição, com valor *nulo*.

8. Observe que, para criar uma variável, você digitou a palavra reservada *var* antes do nome da variável. Assim, o JavaScript reconhece que você está criando uma variável.

9. Neste ponto, você tem os parágrafos com seus respectivos Ids e todas as variáveis criadas. Agora, vai criar outro comentário para organização dos códigos e, logo depois, utilizar o método *getElementById()* para mostrar o conteúdo de cada variável em seu parágrafo correspondente.

10. Digite os códigos a partir da linha 28 conforme a seguir:

```
26          var g = null;
27
28          // Mostrando o conteúdo de cada variável
29          document.getElementById('teste1').innerHTML += a;
30          document.getElementById('teste2').innerHTML += b;
31          document.getElementById('teste3').innerHTML += c[2];
32          document.getElementById('teste4').innerHTML += d;
33          document.getElementById('teste5').innerHTML += e;
34          document.getElementById('teste6').innerHTML += f;
35          document.getElementById('teste7').innerHTML += g;
36
37
38      </script>
39  </body>
40  </html>
```

11. Observe que no código acima, logo após a propriedade *innerHTML*, você utilizou os sinais *(+=)* e, depois, o nome da variável. Esse sinal indica que o conteúdo da variável será acrescentado ao parágrafo mantendo a frase existente. Caso seja utilizado apenas o sinal de igual *(=)*, você substitui qualquer texto existente no parágrafo.
12. Salve o arquivo.
13. Para executar, abra a pasta *01-tipos-de-dados* e clique duas vezes no arquivo *02-tipo-de-dados.html*.
14. Observe o resultado no navegador conforme a seguir:

Figura 1.3. Tipos de dados do JavaScript

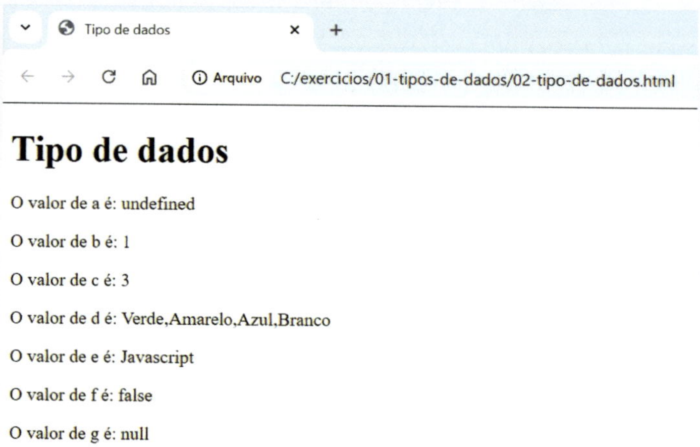

15. Observe o resultado de cada variável:

   a. A variável *a* mostra o resultado como *undefined* pois não há nenhuma atribuição a ela.

   b. A variável *b* mostra o valor *1*.

   c. A variável *c* mostra o valor *3*, pois representa a segunda posição do vetor.

   d. A variável *d* mostra os valores *Verde, Amarelo, Azul, Branco*, todos os valores do vetor.

   e. A variável *e* mostra o valor *JavaScript*.

   f. A variável *f* mostra o valor *false*.

   g. A variável *g* mostra o valor *null*.

16. Nos capítulos a seguir, você conhecerá melhor os vetores.

Atividade 6 – Conhecer o tipo de dado objeto do JavaScript

1. Abra o arquivo *03-objeto.html* localizado na pasta *01-tipos-de-dados*.

2. Clique na linha 13 para iniciar o código. Lembre-se de indentar o código pressionando a tecla *Tab* uma vez para posicionar o cursor.

3. Aqui, você vai criar uma variável do tipo objeto com as informações de um carro. Digite os códigos conforme a seguir:

```
1   <!DOCTYPE html>
2   <html lang="pt-br">
3   <head>
4       <meta charset="utf-8">
5       <meta name="viewport" content="width=device-width, initial-scale=1">
6       <title>Variável do tipo objeto</title>
7   </head>
8   <body>
9       <h1>Variável do tipo objeto</h1>
10      <p id="dados">Dados do carro: </p>
11
12      <script>
13          var meuCarro = new Object();
14          meuCarro.fabrica = 'Volkswagen';
15          meuCarro.modelo = 'Jetta';
16          meuCarro.cor = 'Azul';
17          meuCarro.ano = 2022;
18
19          document.getElementById('dados').innerHTML += meuCarro.fabrica +
20          ' - ' + meuCarro.modelo + ' - ' + meuCarro.cor + ' - ' + meuCarro.ano;
21      </script>
22
23  </body>
24  </html>
```

4. Na linha 13, você criou e instanciou o objeto *meuCarro*.
5. Da linha 14 até a linha 17, você alimentou o objeto *meuCarro* com as propriedades do objeto, como: fabricação, modelo, cor e ano, e seus respectivos valores: *Volkswagen, Jetta, Azul* e *2022*.
6. Observe que para o resultado ser mostrado corretamente, você precisou concatenar todas as propriedades com uma string ' – ' e, para isso, usou o sinal *(+)*.
7. Salve o arquivo.
8. Para executar, abra a pasta *01-tipos-de-dados* e clique duas vezes no arquivo *03-objeto.html*.
9. Observe o resultado no navegador conforme a seguir:

Figura 1.4. Tipos de dado objeto do JavaScript

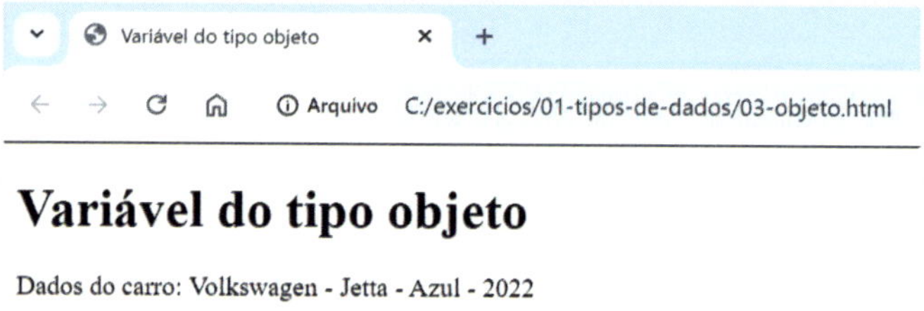

10. Observe a concatenação dos valores e os ' – '.

Exercícios extras

1. Crie uma pasta e nomeie como *exercicios-extras*. Dentro dela, crie um arquivo chamado *cap01-extra-01.html.*
   a. Crie a marcação HTML padrão.
   b. Crie o título *Exercício extra 01* usando a tag *h1* em HTML.
   c. Crie um parágrafo com um Id chamado *texto* com a frase *'Dados da pessoa: '.*
   d. No script, crie uma variável para cada item: nome, sobrenome, idade, altura e peso.
   e. Em cada variável, armazene seus respectivos valores.
   f. Use o método *getElementById()* para obter o parágrafo com o Id *'texto'* e mostrar todas as informações da pessoa conforme a seguir:

Figura 1.5. Exercício extra 01

2. Crie um arquivo chamado *cap01-extra-02.html* na pasta *exercicios-extras* .
   a. Crie a marcação HTML padrão.
   b. Crie o título *Exercício extra 02* usando a tag *h1* em HTML.
   c. Crie um parágrafo com um Id chamado *texto* com a frase *'Dados da pessoa: '.*
   d. No script, crie uma variável do tipo objeto chamada *"pessoa"*, e atribua a ela as seguintes propriedades: nome, sobrenome, idade, altura e peso.
   e. Para cada propriedade, atribua os valores correspondentes.
   f. Use o método *getElementById()* para obter o parágrafo com o Id *texto* e mostrar todas as informações da pessoa conforme a seguir:

Figura 1.6. Exercício extra 02

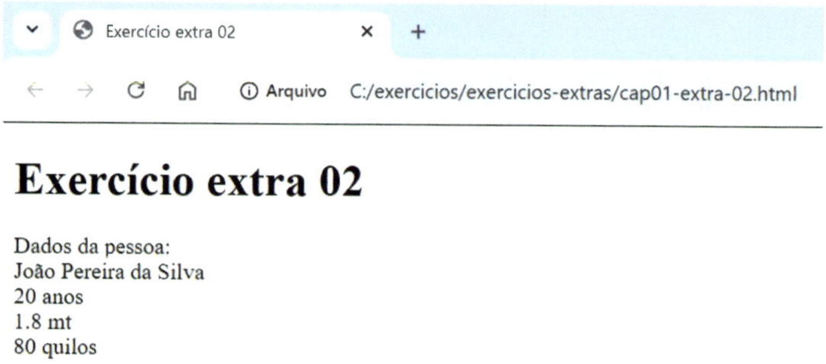

Síntese do aprendizado

Compreender a sintaxe do JavaScript é o primeiro passo para dominar essa linguagem essencial no desenvolvimento web. Ao entender como estruturar seu código, inserir comentários para organização e utilizar métodos como *document.write()* e *document.getElementById()*, você já está capacitado a interagir com elementos HTML de forma dinâmica. Além disso, ao explorar os diferentes tipos de variáveis e dados, você adquiriu uma base sólida para manipular informações e construir funcionalidades mais avançadas.

Agora que você já tem esse conhecimento inicial, o próximo passo é praticar! Quanto mais experimentar, testar e aplicar esses conceitos em pequenos projetos, mais natural será o desenvolvimento em JavaScript. Nos próximos tópicos, vamos aprofundar ainda mais suas habilidades, explorando novas técnicas e recursos que tornarão suas páginas web ainda mais interativas e eficientes.

2

Operadores

Objetivo

» Neste capítulo, você explorará os diferentes tipos de operadores em JavaScript. Operadores são símbolos especiais que interagem com um ou mais valores para produzir um resultado específico. Entre eles, destacam-se os operadores incrementais, comparativos, aritméticos e lógicos.

Operadores incrementais

Os operadores incrementais permitem aumentar ou diminuir o valor de uma variável de forma mais eficiente. Em JavaScript, os dois operadores principais dessa categoria são:

- **Incremento (++):** adiciona 1 ao valor da variável.
- **Decremento (--):** subtrai 1 do valor da variável.

Esses operadores podem ser usados de duas formas:

- **Pós-fixado (variavel++ ou variavel--):** o valor da variável é utilizado antes da alteração.
- **Pré-fixado (++variavel ou --variavel):** o valor é alterado antes de ser utilizado.

  Exemplo:

```
var x = 10;
console.log(x++); // Exibe 10 e depois incrementa x para 11
console.log(++x); // Incrementa x para 12 e exibe 12
```

Operadores comparativos

Os operadores comparativos são usados para comparar valores e retornar um resultado booleano (*true* ou *false*). Eles são fundamentais para expressões condicionais e tomadas de decisão.

Principais operadores comparativos:

- **Igualdade solta (==):** compara os valores sem considerar o tipo.
- **Igualdade estrita (===):** compara os valores e os tipos.
- **Diferente (!=):** verifica se os valores são diferentes.
- **Diferente estrito (!==):** verifica se os valores e tipos são diferentes.
- **Maior (>), menor (<), maior ou igual (>=), menor ou igual (<=):** comparam valores numéricos.

  Exemplo:

```
console.log(5 == '5'); // true (compara apenas o valor)
console.log(5 === '5') // false (compara valor e tipo)
console.log(10 > 8);   // true
```

Operadores aritméticos

Os operadores aritméticos realizam operações matemáticas sobre valores numéricos.

Principais operadores aritméticos:

- **Adição (+):** soma dois valores.
- **Subtração (–):** subtrai um valor de outro.
- **Multiplicação (*):** multiplica dois valores.
- **Divisão (/):** divide um valor pelo outro.
- **Módulo (%):** retorna o resto da divisão.
- **Exponenciação (**):** eleva um número a uma potência.

  Exemplo:

```
var a = 10, b = 5;
console.log(a + b); // 15
console.log(a - b); // 5
console.log(a * b); // 50
console.log(a / b); // 2
console.log(a % b); // 0
console.log(a ** b); // 100000
```

Operadores lógicos

Os operadores lógicos são usados para combinar expressões booleanas, resultando em valores *true* ou *false*. Eles são fundamentais em expressões condicionais.

Principais operadores lógicos:

- **E (&&):** retorna *true* se ambas as expressões forem verdadeiras.
- **OU (||):** retorna *true* se pelo menos uma das expressões for verdadeira.
- **NÃO (!):** inverte o valor booleano.

  Exemplo:

```
var idade = 20;
var habilitado = true;
console.log(idade >= 18 && habilitado); // true
console.log(idade < 18 || habilitado);   // true
console.log(!habilitado);                // false
```

Atividades

Atividade 1 – Conhecer os operadores incrementais

1. Abra o arquivo *01-incrementais.html* localizado na pasta *02-operadores*.
2. Clique na linha 16 para iniciar o código JavaScript. Lembre-se de indentar o código pressionando a tecla *Tab* uma vez para posicionar o cursor.
3. Nesse arquivo, você já tem preparadas todas as marcações HTML. Existem quatro parágrafos identificados com seus respectivos Ids, onde serão mostrados os resultados das variáveis após a execução dos códigos.
4. Confira conforme a seguir:

```
1   <!DOCTYPE html>
2   <html lang="pt-br">
3   <head>
4       <meta charset="utf-8">
5       <meta name="viewport" content="width=device-width, initial-scale=1">
6       <title>Operadores incrementais</title>
7   </head>
8   <body>
9       <h1>Operadores incrementais</h1>
10      <p id="teste1">O valor de a é: </p>
11      <p id="teste2">O valor de b é: </p>
12      <p id="teste3">O valor de c é: </p>
13      <p id="teste4">O valor de d é: </p>
14
15      <script>
16
17      </script>
18  </body>
19  </html>
```

5. Digite o seguinte comentário: // *Criação das variáveis* e aperte a tecla *Enter.*
6. Agora, crie as seguintes variáveis:

```
var a = 1;
var b = 1;
var c = 1;
var d = 1;
```

7. Logo abaixo das variáveis, vamos inserir mais dois comentários a partir da linha 22:

```
// O incremento antes aumenta antes
// O incremento depois aumenta depois
```

8. Na linha 25 digite:

```
a = ++a;
b = b++;
d = --d;
```

9. Pule uma linha para melhor visualização do código e, na linha 29, digite:

```
for(var cont = 1; cont <= 3; cont++){
    c = c + cont;
}
```

10. Confira a seguir o resultado que temos até o momento:

```
15        <script>
16            // Criação das variáveis
17            var a  = 1;
18            var b = 1;
19            var c = 1;
20            var d = 5;
21
22            // O incremento antes aumenta antes
23            // O incremento depois aumenta depois
24
25            a = ++a;
26            b = b++;
27            d = --d;
28
29            for(var cont = 1; cont <= 3; cont++){
30                c = c + cont;
31            }
32        </script>
33    </body>
34    </html>
```

11. Você utilizou, na linha 25, os símbolos *(++)* antes da variável, que representam um incremento, ou seja, a variável será incrementada no primeiro momento de sua aparição. Observe que, na linha 17, você criou a variável *a* e atribuiu a ela o valor *1*, porém, na linha 25, incrementou com *(+1)*.

12. Agora observe a diferença na linha 26: os mesmos símbolos foram usados, mas estão após a variável *b*. Com isso, ela só será incrementada a partir de sua segunda aparição.

13. Na linha 27, os símbolos *(--)* representam um decremento, ou seja, a variável será decrementada *(-1)* e, seguindo o mesmo princípio, se estiver antes da variável, ela será decrementada na sua primeira aparição; já se o decremento estiver após a variável, ela será decrementada em sua segunda aparição.

14. Para finalizar, você criou um laço de repetição a partir da linha 29. Mais adiante, no capítulo 4, você vai estudar os laços de repetição. Nesse laço foi criada uma variável chamada *cont* que inicia com o valor *1*; depois, temos seu valor final, que será *3*, e, no

fim, seu incremento após a segunda aparição. Resumindo, esse laço se lê assim: para a variável *cont* iniciando em *1*, enquanto ela for menor ou igual a *3*, incrementa-se *+1*. Para cada aparição dessa variável *cont*, será atribuída à variável *c*.

15. Para ver o resultado deste exercício, digite os seguintes códigos a partir da linha 33:

```
document.getElementById('teste1').innerHTML += a;
document.getElementById('teste2').innerHTML += b;
document.getElementById('teste3').innerHTML += c;
document.getElementById('teste4').innerHTML += d;
```

16. Salve seu arquivo.

17. Confira a seguir:

```
29            for(var cont = 1; cont <= 3; cont++){
30                c = c + cont;
31            }
32
33            document.getElementById("teste1").innerHTML += a;
34            document.getElementById("teste2").innerHTML += b;
35            document.getElementById("teste3").innerHTML += c;
36            document.getElementById("teste4").innerHTML += d;
37        </script>
38    </body>
39    </html>
```

18. Para executar, abra a pasta *02-operadores* e clique duas vezes no arquivo *01-incrementais.html*.

19. Observe o resultado no navegador conforme a figura 2.1.

Figura 2.1. Operadores incrementais

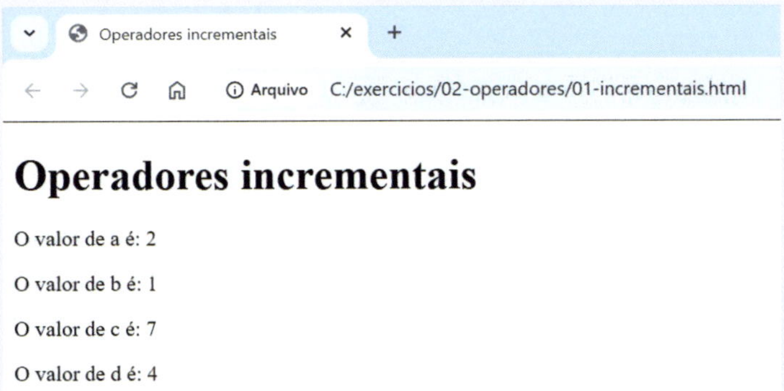

20. Observe os valores finais de cada variável:

- Na linha 25, você fez o incremento antes, então a variável *a* tem o valor *2*.
- Na linha 26, você fez o incremento depois, então a variável *b* continua com valor *1*.
- Na linha 27, você fez o decremento antes, então a variável *d* tem o valor *4*.
- A partir da linha 29, você criou um laço de repetição, com isso, o valor final da variável *c* é *7*, pois a cada volta do laço ela foi sendo acumulada. Nesse ponto, existem dois assuntos novos que você verá nos próximos capítulos: laço de repetição e variável acumuladora.

Atividade 2 – Conhecer os operadores comparativos

1. Abra o arquivo *02-comparativos.html* localizado na pasta *02-operadores*.
2. Clique na linha 18 para iniciar o código JavaScript. Lembre-se de indentar o código pressionando a tecla *Tab* uma vez para posicionar o cursor.
3. Confira o arquivo conforme a seguir:

```
1  <!DOCTYPE html>
2  <html lang="pt-br">
3  <head>
4      <meta charset="utf-8">
5      <meta name="viewport" content="width=device-width, initial-scale=1">
6      <title>Operadores comparativos</title>
7  </head>
8  <body>
9      <h1>Operadores comparativos</h1>
10     <p id="teste1">O valor de a é: </p>
11     <p id="teste2">O valor de a é: </p>
12     <p id="teste3">O valor de a é: </p>
13     <p id="teste4">O valor de a é: </p>
14     <p id="teste5">O valor de a é: </p>
15     <p id="teste6">O valor de a é: </p>
16
17     <script>
18
19     </script>
20
21 </body>
22 </html>
```

4. Crie os seguintes códigos:

```
//Criação das variáveis
var a = 1;
var b = 1;
var c = '1';
var d = 2;
```

5. Pule a linha 23 para melhor organização dos códigos.
6. A partir da linha 24, digite:

```
// Impressão dos resultados
document.getElementById('teste1').innerHTML += a == b;
document.getElementById('teste2').innerHTML += a === c;
document.getElementById('teste3').innerHTML += a === b;
document.getElementById('teste4').innerHTML += a >= b;
document.getElementById('teste5').innerHTML += a >= d;
document.getElementById('teste6').innerHTML += a <= c;
```

7. Confira a seguir:

```
17      <script>
18          //Criação das variáveis
19          var a = 1;
20          var b = 1;
21          var c = '1';
22          var d = 2;
23
24          // Impressão dos resultados
25          document.getElementById('teste1').innerHTML += a == b;
26          document.getElementById('teste2').innerHTML += a === c;
27          document.getElementById('teste3').innerHTML += a === b;
28          document.getElementById('teste4').innerHTML += a >= b;
29          document.getElementById('teste5').innerHTML += a >= d;
30          document.getElementById('teste6').innerHTML += a <= c;
31      </script>
32
33  </body>
34  </html>
```

8. Salve o arquivo.
9. Para executar, abra a pasta *02-operadores* e clique duas vezes no arquivo *02-comparativos.html.*

10. Observe o resultado no navegador conforme a seguir:

Figura 2.2. Operadores comparativos

11. Veja que na linha 25 você usou os símbolos *(==)*, que significam comparação. Você está comparando a variável *a* e a variável *b*, que são iguais, então o retorno é um valor lógico *true* (verdadeiro).
12. Na linha 26, você usou os símbolos *(===)*, que significam exatidão. Observe que o valor da variável *a* é *1* (numérico) e o valor da variável *c* é *'1'* (entre aspas, então é uma string). Apesar de serem iguais, o tipo é diferente e, por esse motivo, o resultado foi *false* (falso).
13. Na linha 27, novamente os símbolos *(===)*. Como as variáveis são idênticas, seu valor foi *true*.
14. Na linha 28, os símbolos *(>=)* querem saber se a variável *a* é maior ou igual a variável *b*. Como são iguais, o valor também foi *true*.
15. Na linha 29, os mesmos símbolos *(>=)*, porém o valor da variável *a* é menor que o valor da variável *d*, então o resultado foi *false*.
16. Por fim, na linha 30, os símbolos *(<=)* representam menor ou igual. Como *a* tem o valor *1* (numérico) e a variável *c* tem o valor *'1'* (string) mas não comparamos sua exatidão (tipo), apenas o valor, então o resultado foi *true*.
17. Veja que em todos os casos, quando se utiliza os símbolos de comparação, o resultado só pode ser *true* ou *false*.

Atividade 3 – Conhecer os operadores aritméticos

1. Abra o arquivo *03-aritmeticos.html* localizado na pasta *02-operadores.*
2. Clique na linha 12 para iniciar o código JavaScript. Lembre-se de indentar o código pressionando a tecla *Tab* uma vez para posicionar o cursor.
3. Nesse arquivo, você vai usar o método *document.write()* mais algumas vezes.
4. Confira o arquivo inicial com a imagem a seguir:

```
1  <!DOCTYPE html>
2  <html lang="pt-br">
3  <head>
4      <meta charset="utf-8">
5      <meta name="viewport" content="width=device-width, initial-scale=1">
6      <title>Operadores aritméticos</title>
7  </head>
8  <body>
9      <h1>Operadores aritméticos</h1>
10
11     <script>
12
13     </script>
14
15 </body>
16 </html>
```

5. Digite os códigos abaixo:

```
// Número + número = adição
var resposta = 1 + 2;
document.write(resposta + '<br>');
```

6. Pule uma linha, continue com os códigos abaixo:

```
// Booleano + número = adição
resposta = true + 1;
document.write(resposta + '<br>');
```

7. Pule uma linha, continue com os códigos abaixo:

```
// Booleano + booleano = adição
var resposta1 = false + false;
var resposta2 = false + true;
var resposta3 = true + true;
```

8. Pule uma linha, continue com os códigos abaixo:

```
document.write(resposta1 + '<br>');
document.write(resposta2 + '<br>');
document.write(resposta3 + '<br>');
```

9. Pule uma linha, continue com os códigos abaixo:

```
// Número + string = concatenação
resposta = 5 + 'Senac';
document.write(resposta + '<br>');
```

10. Pule uma linha, continue com os códigos abaixo:

```
// String + booleano = concatenação
resposta = 'Senac' + false;
document.write(resposta + '<br>');
```

11. Pule uma linha, continue com os códigos abaixo:

```
// String + string = concatenação
resposta = 'Senac' + 'JavaScript';
document.write(resposta + '<br>');
```

12. Salve seu arquivo.

13. Confira a seguir:

```
    <script>
        // Número + número = adição
        var resposta = 1 + 2;
        document.write(resposta + '<br>');

        // Booleano + booleano = adição
        resposta = true + 1;
        document.write(resposta + '<br>');

        // Booleano + booleano = adição
        var resposta1 = false + false;
        var resposta2 = false + true;
        var resposta3 = true + true;

        document.write(resposta1 + '<br>');
        document.write(resposta2 + '<br>');
        document.write(resposta3 + '<br>');

        // Número + string = concatenação
        resposta = 5 + 'Senac';
        document.write(resposta + '<br>');

        // String + booleano = concatenação
        resposta = 'Senac' + false;
        document.write(resposta + '<br>');

        // String + string = concatenação
        resposta =  'Senac' + 'JavaScript';
        document.write(resposta + '<br>');
    </script>

</body>
</html>
```

14. Para executar, abra a pasta *02-operadores* e clique duas vezes no arquivo *03-aritmeticos.html.*

15. Observe o resultado no navegador conforme a figura 2.3:

Figura 2.3. Operadores aritméticos

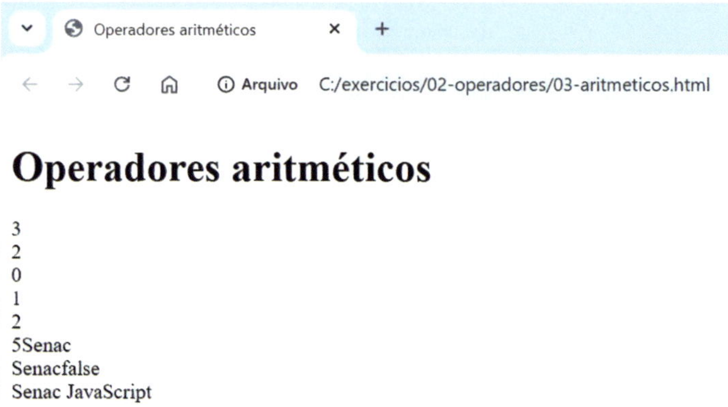

16. Para cada exemplo, você criou um comentário, o que facilita muito o entendimento de cada exemplo. Na linha 12, o comentário diz que com número + número você terá uma adição, e o resultado no navegador mostra o valor *3*.
17. Na linha 16, o comentário diz que booleano (lógico) + número é igual a adição também, veja o resultado *2*, *true* (existe, então vale *1*) + *1* = *2*.
18. Na linha 20, de booleano + booleano também se obtém uma adição. Nesse caso, você digitou três exemplos: *false* + *false*, resultou em *0*, *false* + *true*, resultou em *1* e *true* + *true*, resultou em *2*.
19. Na linha 29, o comentário diz que com número + string você obtém uma concatenação (união), então o resultado de *5Senac*.
20. Na linha 33, o comentário diz que com string + booleano também se obtém uma concatenação, e você obteve *Senacfalse*.
21. E na linha 37, o comentário diz que string + string também é uma concatenação, e o resultado foi *Senac JavaScript*.

Atividade 4 – Conhecer os operadores lógicos

1. Abra o arquivo *04-logicos.html* localizado na pasta *02-operadores.*

2. Clique na linha 13 para iniciar o código JavaScript. Lembre-se de indentar o código pressionando a tecla *Tab* uma vez para posicionar o cursor.

3. Nesse arquivo, você vai usar o método *document.write()* mais algumas vezes.

4. Observe também que existem três áreas com as tags *<script>*: na primeira parte você vai conhecer o operador lógico *&& (e)*, mais abaixo há um espaço para o operador lógico || *(ou)* e, no final, outro espaço para o operador *! (not – não).*

5. Confira na imagem a seguir:

```
1   <!DOCTYPE html>
2   <html lang="pt-bt">
3   <head>
4       <meta charset="utf-8">
5       <meta name="viewport" content="width=device-width, initial-scale=1">
6       <title>Operadores lógicos</title>
7   </head>
8   <body>
9       <h1>Operadores lógicos</h1>
10      <h3>Lógico && (e)</h3>
11
12      <script>
13
14      </script>
15
16
17
18
19
20      <h3>Lógico || (ou)</h3>
21
22      <script>
23
24      </script>
25
26
27
28
29
30      <h3>Operador ! (not - não)</h3>
31
32      <script>
33
34      </script>
35
36  </body>
37  </html>
```

6. Digite os códigos abaixo a partir da linha 13:

```
var resposta = true && true;
document.write(resposta + '<br>');
```

7. Pule uma linha, continue com os códigos abaixo:

```
resposta = false && false;
document.write(resposta + '<br>');
```

8. Pule uma linha, continue com os códigos abaixo:

```
resposta = false && true;
document.write(resposta + '<br>');
```

9. Pule uma linha, continue com os códigos abaixo:

```
resposta = false && (3 == 4);
document.write(resposta + '<br>');
```

10. Pule uma linha, continue com os códigos abaixo:

```
resposta = 'Senac' && 'JavaScript';
document.write(resposta + '<br>');
```

11. Pule uma linha, continue com os códigos abaixo:

```
resposta = false && 'Senac';
document.write(resposta + '<br>');
```

12. Pule uma linha, continue com os códigos abaixo:

```
resposta = 'Senac' && false;
document.write(resposta + '<br>');
```

13. Pule uma linha, continue com os códigos abaixo:

```
resposta = '' && false;
document.write(resposta + '<br>');
```

14. Pule uma linha, continue com os códigos abaixo:

```
resposta = false && '';
document.write(resposta + '<br>');
```

15. Salve o arquivo e confira a seguir:

```
<script>
    var resposta = true && true;
    document.write(resposta + '<br>');

    resposta = false && false;
    document.write(resposta + '<br>');

    resposta = false && true;
    document.write(resposta + '<br>');

    resposta = false && (3 == 4);
    document.write(resposta + '<br>');

    resposta = 'Senac' && 'JavaScript';
    document.write(resposta + '<br>');

    resposta = false && 'Senac';
    document.write(resposta + '<br>');

    resposta = 'Senac' && false;
    document.write(resposta + '<br>');

    resposta = '' && false;
    document.write(resposta + '<br>');

    resposta = false && '';
    document.write(resposta + '<br>');
</script>
```

16. Para executar, abra a pasta *02-operadores* e clique duas vezes no arquivo *03-aritmeticos.html*.

17. Observe o resultado no navegador conforme a figura 2.4:

Figura 2.4. Operadores lógicos *(e)*

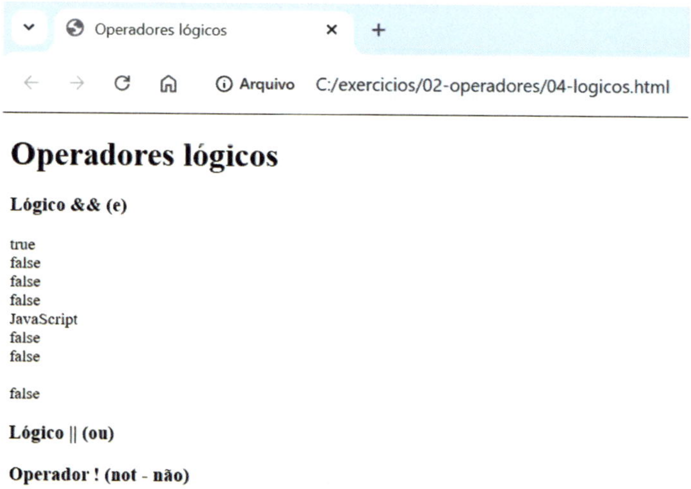

18. Quanto aos resultados, observe que a primeira resposta você obteve o valor *true* (verdadeiro), pois com o operador *&&*, dois valores *true* resultam em *true*.

19. Na segunda resposta, você obteve o valor *false*, dois valores *false* resultam em *false*.

20. Na terceira resposta, você obteve *false* pois se há um *false*, a prioridade é dele.

21. Na quarta resposta, você obteve um valor *false*. Veja que você tem dois *false*: o primeiro está claro e o segundo é representado pela comparação *(3 == 4)* que resulta em *false*.

22. Na quinta resposta, você obteve *JavaScript*, pois com o operador *&&* a segunda string prevalece.

23. Na sexta resposta, você obteve um *false*. Usando o operador *&&*, com uma string e um *false*, o *false* prevalece.

24. Na sétima resposta, você obteve um *false*. Usando o operador *&&*, com uma string *vazia* e um *false*, o *false* prevalece.

25. Na oitava resposta, você obteve uma string *vazia*. Usando o operador *&&*, com uma string *vazia* e depois um *false*, a string *vazia* prevalece.

26. Por fim, na nona resposta, você obteve um *false*. Ao contrário da anterior, a ordem influencia: se o *false* vier primeiro, ele prevalece.

27. Agora você vai para a segunda parte do exercício. Clique entre as próximas tags *<script>* que estão abaixo do título *Lógico || (ou)*, conforme a seguir:

```
<h3>Lógico || (ou)</h3>

<script>

</script>
```

28. Agora você conhecerá o operador || *(ou)*. Digite os códigos abaixo:

```
var resposta = true || true;
document.write(resposta + '<br>');
```

29. Pule uma linha, continue com os códigos abaixo:

```
resposta = false || true;
document.write(resposta + '<br>');
```

30. Pule uma linha, continue com os códigos abaixo:

```
resposta = true || false;
document.write(resposta + '<br>');
```

31. Pule uma linha, continue com os códigos abaixo:

```
resposta = false || (3 == 4);
document.write(resposta + '<br>');
```

32. Pule uma linha, continue com os códigos abaixo:

```
resposta = 'Senac' || 'JavaScript';
document.write(resposta + '<br>');
```

33. Salve o arquivo.

34. Confira a seguir:

```
<script>
    var resposta = true || true;
    document.write(resposta + '<br>');

    resposta = false || true;
    document.write(resposta + '<br>');

    resposta = true || false;
    document.write(resposta + '<br>');

    resposta = false || (3 == 4);
    document.write(resposta + '<br>');

    resposta = 'Senac' || 'JavaScript';
    document.write(resposta + '<br>');
</script>
```

35. Para executar, abra a pasta *02-operadores* e clique duas vezes no arquivo *04-logicos.html*.

36. Observe o resultado no navegador conforme a figura 2.5:

Figura 2.5. Operadores lógicos *(ou)*

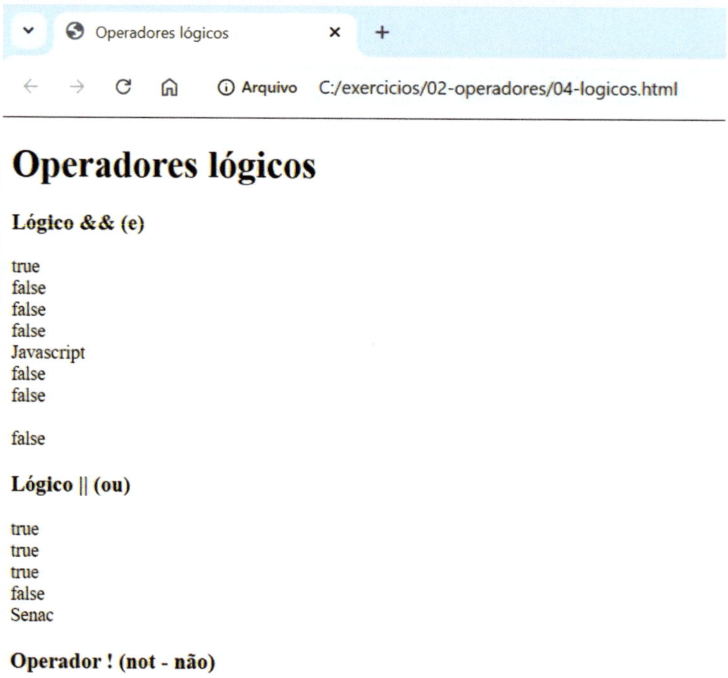

37. Observe os resultados a partir da linha 48. Obtemos o resultado *true* pois usando o operador lógico || *(ou)*, basta haver um *true* para tê-lo como resultado.

38. Na linha 51, você tem um *false* e um *true*. Novamente, basta haver um *true* para tê-lo como resultado.

39. Na linha 54, não importa a ordem de aparição do *true*, ele sempre terá prioridade com o operador || *(ou)*.

40. Na linha 57, dois valores *false*, sendo o segundo *(3 == 4)*, então o resultado será *false*.

41. Por fim, na linha 60, duas strings. A primeira já é válida, e a prioridade será dela.

42. Agora, para concluir este exercício, crie os códigos abaixo para ver os resultados do operador *! (not – não)*.

43. Clique entre as tags *<script>* que estão logo abaixo do título Operador *! (not – não)*.

44. Digite os códigos abaixo:

```
var resposta = !true;
document.write(resposta + ‘<br>’);
```

45. Pule uma linha, continue com os códigos abaixo:

```
resposta = !false;
document.write(resposta + ‘<br>’);
```

46. Pule uma linha, continue com os códigos abaixo:

```
resposta = !’Senac’;
document.write(resposta + ‘<br>’);
```

47. Confira com a figura abaixo:

```
    <h3>Operador ! (not - não)</h3>

    <script>
        var resposta = !true;
        document.write(resposta + '<br>');

        resposta = !false;
        document.write(resposta + '<br>');

        resposta = !'Senac';
        document.write(resposta + '<br>');
    </script>

</body>
</html>
```

48. Salve o arquivo.

49. Para executar, abra a pasta *02-operadores* e clique duas vezes no arquivo *04-logicos.html*.

50. Observe o resultado no navegador conforme a figura 2.6:

Figura 2.6. Operadores lógicos *(não)*

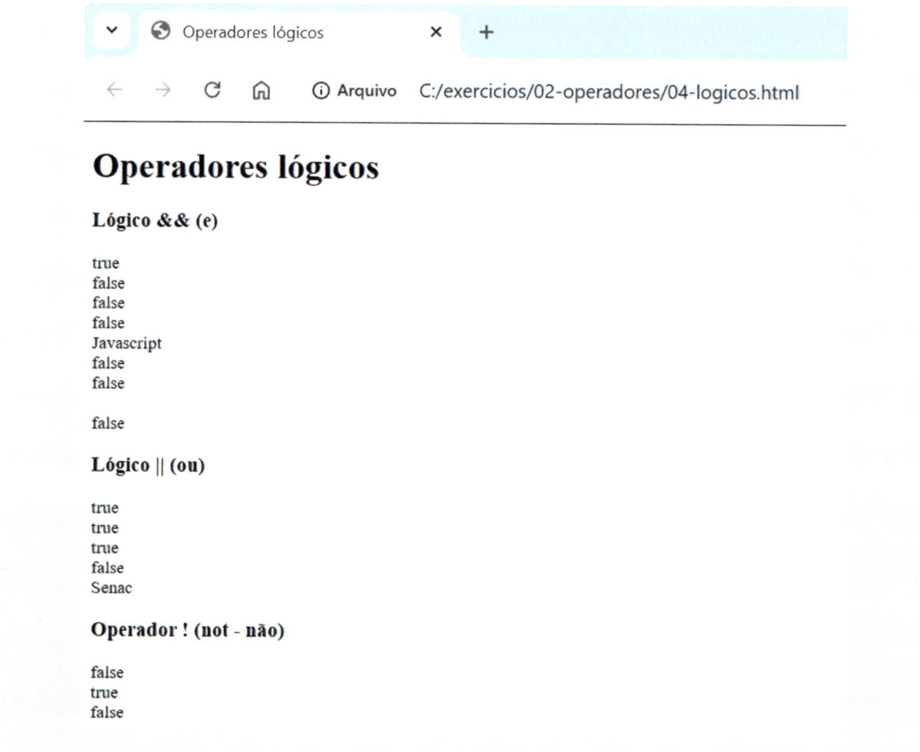

51. Agora, analise os últimos resultados.

52. O que o operador *! (not – não)* faz é inverter o resultado da variável lógica. Assim, na linha 71, você digitou o valor *!true* para a variável resposta, com isso ela passa a ter o valor *false*.

53. Na linha 74 é o inverso: você digitou *!false*, então, invertendo, fica *true*.

54. Na linha 77, a variável tinha o valor *!‘Senac’*, e passou a ser *false*.

55. Com isso, você chegou ao final dos exercícios dos operadores.

Exercícios extras

1. Crie um arquivo chamado *cap02-extra-01.html* na pasta *exercicios-extras.*
   a. Crie a marcação HTML padrão.
   b. Crie o título *Exercício extra 03* usando a tag *h1* em HTML.
   c. Crie um parágrafo com um Id chamado *resultado* com a frase *'Valor final da variável a:'*.
   d. Crie uma variável chamada *a* e atribua o valor 6.
   e. Incremente essa variável.
   f. Comente cada linha de código.
   g. Mostre o resultado dessa variável conforme a figura 2.7:

Figura 2.7. Exercício extra 03

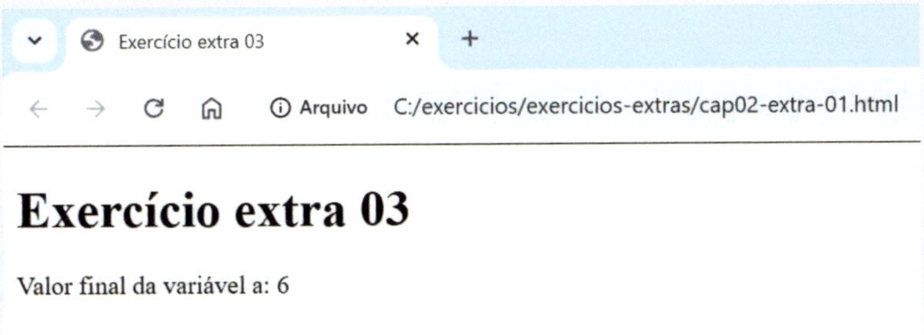

2. Crie um arquivo chamado *cap02-extra-02.html* na pasta exercicios-extras.
   a. Crie a marcação HTML padrão.
   b. Crie o título *Exercício extra 04* usando a tag *h1* em HTML.
   c. Crie um parágrafo com um Id chamado *resultado1* com a frase *'Valor final da variável a: '*.
   d. Crie um parágrafo com um Id chamado *resultado2* com a frase *'Valor final da variável b: '*.
   e. Crie um parágrafo com um Id chamado *resultado3* com a frase *'As variáveis são iguais: '*.
   f. Mostre o valor de *a* no primeiro parágrafo.
   g. Mostre o valor de *b* no segundo parágrafo.
   h. Compare se as variáveis são iguais e mostre no terceiro parágrafo.

i. Comente cada linha de código.

j. Veja o resultado na figura 2.8:

Figura 2.8. Exercício extra 04

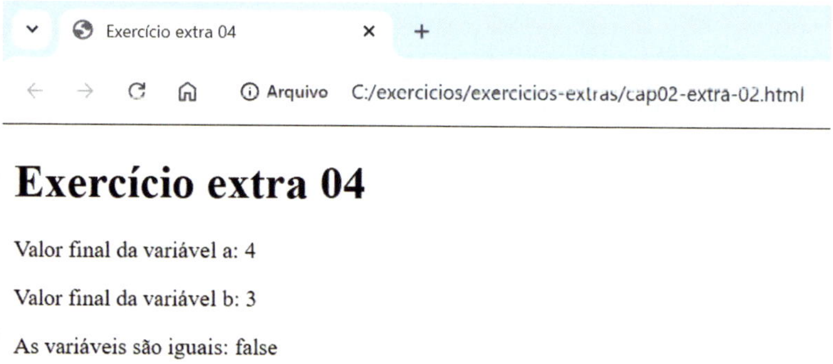

Síntese do aprendizado

Neste capítulo, você conheceu os diferentes tipos de operadores em JavaScript e como eles desempenham um papel essencial na manipulação de valores e tomada de decisões dentro do código. Agora, você já sabe como utilizar operadores incrementais para modificar valores dinamicamente, operadores comparativos para estabelecer condições, operadores aritméticos para realizar cálculos e operadores lógicos para controlar o fluxo das suas aplicações.

Com esse conhecimento, você está cada vez mais preparado para escrever códigos mais inteligentes e eficientes. Continue praticando e experimentando diferentes combinações de operadores para fortalecer sua lógica e desenvolver soluções mais poderosas. No próximo capítulo, avançaremos ainda mais na construção de funcionalidades interativas para suas aplicações web.

3
Arrays (vetores)

Objetivos

Neste capítulo, vamos explorar os arrays (ou vetores), que são uma das estruturas de dados mais poderosas e úteis em JavaScript. Imagine uma variável como um recipiente que armazena um único dado, como o nome de uma pessoa. Agora, imagine se você precisar armazenar uma lista de nomes. É aí que entram os vetores, que permitem agrupar múltiplos dados de uma vez.

Por exemplo:

» *// Uma variável armazenando um único valor var nome = 'João';*

» *// Um vetor armazenando vários valores var nomes = ['João', 'Maria', 'Simone', 'Carlos', 'Cristina', 'Sérgio'];*

Além de entender como criar um vetor, você vai:

» descobrir quantos itens há em um vetor;

» percorrer um vetor com laço;

» unir conteúdos de vetores;

» adicionar elementos no início de um vetor;

» adicionar elementos no final de um vetor.

Trabalhando com arrays

Ao longo deste capítulo, você aprenderá a trabalhar com vetores, criar e manipular seus elementos de maneira eficiente. Você vai descobrir como contar os itens em um vetor, percorrê-los com laços, adicionar ou remover elementos e até combinar diferentes vetores. Os arrays são fundamentais quando precisamos lidar com coleções de dados, como listas, filas ou quaisquer conjuntos de informações. Diferente de variáveis simples, que armazenam um único valor, os arrays oferecem uma maneira eficiente de armazenar e acessar múltiplos valores dentro de uma única estrutura. Isso torna o código mais limpo e organizado, além de facilitar a manipulação de grandes volumes de dados.

Gerenciando tarefas com arrays

Imagine que você está desenvolvendo uma aplicação para um gerenciador de tarefas. Para cada tarefa, você precisa armazenar informações como título, descrição e status. Em vez de criar várias variáveis para cada tarefa, você pode usar um array para armazenar todas as tarefas em uma lista. Cada item no array pode representar uma tarefa, e você pode facilmente acessar e manipular essas tarefas usando o índice.

Por exemplo, um array de tarefas poderia ser assim:

```
var tarefas = [
    {titulo: "Estudar JavaScript", descricao: "Revisar arrays e funções", status: "pendente"},
    {titulo: "Comprar alimentos", descricao: "Comprar frutas e verduras", status: "concluída"},
    {titulo: "Fazer exercício", descricao: "Correr 5 km no parque", status: "pendente"}
];
```

Com esse array, é fácil adicionar, remover ou modificar tarefas, além de poder percorrê-las para exibi-las em uma interface ou marcá-las como concluídas. Arrays facilitam muito o gerenciamento de coleções de dados, tornando o código mais organizado e funcional.

Arrays em jogos

Os arrays são amplamente usados em jogos para armazenar dados sobre personagens, itens, pontuações ou até mesmo os níveis do jogo. Suponha que você esteja criando um jogo em que os personagens coletam itens, como moedas. Você pode usar um array para armazenar as moedas coletadas pelo personagem durante o jogo. Cada vez que o personagem coleta uma moeda, o item é adicionado ao array.

Por exemplo, em um jogo simples, você pode ter um array de moedas coletadas:

```
// Quantidade de moedas coletadas em diferentes fases
var moedas = [10, 15, 20, 30];
```

Esse array pode ser usado para somar a quantidade total de moedas ou até mesmo exibir a quantidade de moedas coletadas em cada fase. Além disso, você pode realizar operações com o array, como ordenar a pontuação ou determinar o maior número de moedas coletadas em uma fase específica.

```
// Soma do total de moedas coletadas
var totalMoedas = moedas.reduce(function(soma, moeda) {
   return soma + moeda;
}, 0);
```

No exemplo acima, temos o método reduce() que, em JavaScript, serve para reduzir um array a um único valor. No exemplo do jogo, usamos reduce() para somar todas as moedas coletadas e obter o total.

Como funciona?

O método *reduce()* percorre todos os elementos do array e aplica uma função a cada item, acumulando um valor final.

- **Moedas:** é o array que contém os valores das moedas coletadas.
- **Soma:** é o acumulador (começa em 0, que é o segundo argumento passado para *reduce()*).
- **Moeda:** é o valor atual do array sendo processado.
- **Soma + moeda:** retorna o novo valor do acumulador em cada iteração.

Passo a passo da execução:

Se moedas = [*10, 15, 20, 30*], o *reduce()* funciona assim:

- 1ª iteração: soma = *0*, moeda = *10* - soma + moeda = *10*
- 2ª iteração: soma = *10*, moeda = *15* - soma + moeda = *25*
- 3ª iteração: soma = *25*, moeda = *20* - soma + moeda = *45*
- 4ª iteração: soma = *45*, moeda = *30* - soma + moeda = *75*

Resultado: *totalMoedas = 75*

Esses exemplos mostram como arrays ajudam a organizar dados e tornam a manipulação de informações muito mais fácil e eficiente em diferentes contextos, seja no desenvolvimento de aplicações do dia a dia ou na criação de jogos.

Prepare-se para expandir suas habilidades e aprender a lidar com dados de forma mais dinâmica e organizada!

Atividades

Atividade 1 – Como criar um vetor

1. Abra o arquivo *01-vetor.html* localizado na pasta *03-vetores.*
2. Clique na linha 16 para iniciar o código JavaScript. Lembre-se de indentar o código pressionando a tecla *Tab* uma vez para posicionar o cursor.
3. Confira o arquivo com a imagem a seguir:

```
1   <!DOCTYPE html>
2   <html lang="pt-br">
3   <head>
4       <meta charset="utf-8">
5       <meta name="viewport" content="width=device-width, initial-scale=1">
6       <title>Exemplo de vetor</title>
7   </head>
8   <body>
9       <h1>Exemplo de vetor</h1>
10      <p id="teste1">Conteúdo do vetor 1: </p>
11      <p id="teste2">Conteúdo do vetor 2: </p>
12      <p id="teste3">Segunda posição do vetor 1: </p>
13      <p id="teste4">Terceira posição do vetor 2: </p>
14
15      <script>
16
17      </script>
18
19  </body>
20  </html>
```

4. Agora, você vai criar dois vetores de duas formas distintas. Copie os códigos abaixo:

```
// Criando os vetores
var cores1 = ['Verde', 'Amarelo', 'Azul', 'Branco'];
var cores2 = new Array('Laranja', 'Vermelho', 'Preto', 'Cinza');
```

5. Pule duas linhas, continue com os códigos abaixo:

```
// Mostrar os conteúdos dos vetores
document.getElementById('teste1').innerHTML += cores1;
document.getElementById('teste2').innerHTML += cores2;
document.getElementById('teste3').innerHTML += cores1[1];
document.getElementById('teste4').innerHTML += cores2[2];
```

6. Salve o arquivo e confira a seguir:

```
15      <script>
16          // Criando os vetores
17          var cores1 = ['Verde', 'Amarelo', 'Azul', 'Branco'];
18          var cores2 = new Array('Laranja', 'Vermelho', 'Preto', 'Cinza');
19
20
21          // Mostrar os conteúdos dos vetores
22          document.getElementById('teste1').innerHTML += cores1;
23          document.getElementById('teste2').innerHTML += cores2;
24          document.getElementById('teste3').innerHTML += cores1[1];
25          document.getElementById('teste4').innerHTML += cores2[2];
26      </script>
27
28  </body>
29  </html>
```

7. Observe que no primeiro vetor na linha 17 você fez uma declaração direta, representada pelos dois colchetes *[ ]*.

8. Já no segundo vetor, na linha 18, você criou usando o construtor *new*, instanciando o vetor e usando dois parênteses *()*.

9. As duas formas de criar vetor estão corretas, então escolha a que melhor se adaptar.

10. Um detalhe importante é que todo primeiro item de um vetor começa em *zero (0)*, ou seja, tanto no primeiro como no segundo vetor você armazenou quatro informações, sendo a primeira representada pela posição *(0)* e, nesse caso, a última pela posição *(3)*.

11. Para executar, abra a pasta *03-vetores* e clique duas vezes no arquivo *01-vetor.html*.

12. Observe o resultado no navegador conforme a figura 3.1:

Figura 3.1. Exemplo de vetor

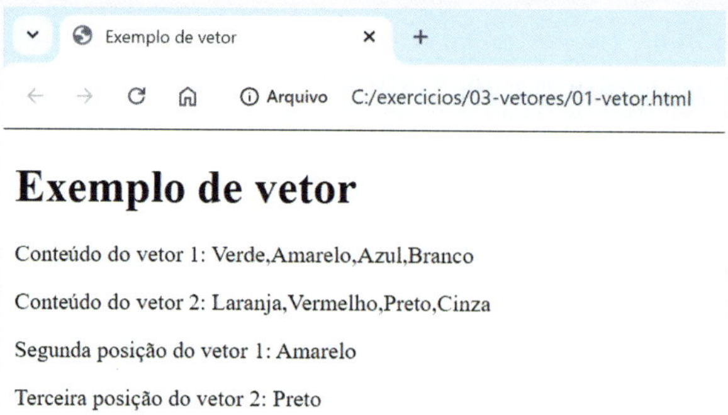

13. Na linha 22, você pediu para mostrar o conteúdo do vetor *cores1*, então todos os seus elementos são impressos na tela.

14. O mesmo ocorreu na linha 23: todos os elementos do vetor *cores2* estão na tela.

15. Na linha 24, foi solicitada a segunda posição do vetor *1* (chamado *cores1*). Para isso, você teve que indicar por meio de colchetes o número da segunda posição, lembrando que a primeira posição de um vetor é a posição *zero [0]*, então *cores1[1]* representa a segunda posição.

16. Na linha 25 do código, você indicou a terceira posição do vetor *2* (chamado *cores2*), dessa forma: *cores2[2]*.

Simples, não?

Atividade 2 – Descobrir quantos itens há em um vetor

1. Abra o arquivo *02-vetor.html* localizado na pasta *03-vetores*.

2. Clique na linha 15 para iniciar o código JavaScript. Lembre-se de indentar o código pressionando a tecla *Tab* uma vez para posicionar o cursor.

3. Confira o arquivo conforme a seguir:

```
1  <!DOCTYPE html>
2  <html lang="pt-br">
3  <head>
4      <meta charset="utf-8">
5      <meta name="viewport" content="width=device-width, initial-scale=1">
6      <title>Exemplo de vetor</title>
7  </head>
8  <body>
9      <h1>Exemplo de vetor</h1>
10     <p id="teste1">Quantidade de itens do vetor: </p>
11     <p id="teste2">Primeiro item do vetor: </p>
12     <p id="teste3">Último item do vetor: </p>
13 
14     <script>
15 
16     </script>
17 
18 </body>
19 </html>
```

4. Digite os códigos abaixo dentro das tags de *<script>*:

```
// Criando o vetor
var cores = ['Verde', 'Amarelo', 'Azul', 'Branco'];
```

5. Pule uma linha, continue com os códigos abaixo:

```
// Mostrando o resultado
document.getElementById('teste1').innerHTML += cores.length.
document.getElementById('teste2').innerHTML += cores[0];
document.getElementById('teste3').innerHTML += cores[cores.length -1];
```

6. Salve o arquivo e confira a seguir:

```
14      <script>
15          // Criando o vetor
16          var cores = ['Verde', 'Amarelo', 'Azul', 'Branco'];
17
18          // Mostrando o resultado
19          document.getElementById('teste1').innerHTML += cores.length;
20          document.getElementById('teste2').innerHTML += cores[0];
21          document.getElementById('teste3').innerHTML += cores[cores.length -1];
22      </script>
23
24  </body>
25  </html>
```

7. Para executar, abra a pasta *03-vetores* e clique duas vezes no arquivo *02-vetor.html.*
8. Observe o resultado no navegador conforme a figura a seguir:

Figura 3.2. Exemplo de vetor: obtendo o tamanho de um vetor

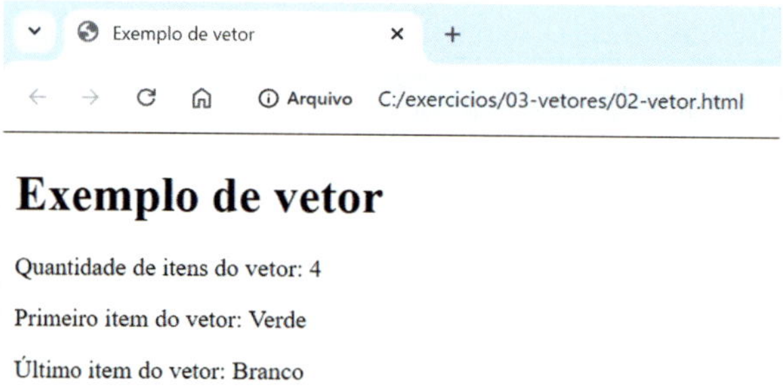

9. Agora veja as explicações:
10. Observe a linha 19 do seu código. Você usou a propriedade *length* para descobrir o comprimento do vetor, então essa propriedade conta a quantidade de elementos de um vetor, mostrando, assim, o número *4*.
11. Para a segunda resposta, que está na linha 20 do seu código, o primeiro item de um vetor é a posição *(0)*, como já explicado na atividade anterior.
12. Agora, na última linha do seu código está a chave para descobrir quantos itens há em um vetor. Você já sabe que todo vetor inicia do *zero (0)* e a propriedade *length* conta a quantidade de itens, então (quantidade de itens menos um) você tem o último item de um vetor assim: *cores[cores.length - 1]*, o mesmo que *4 - 1 = 3*.
13. Parabéns, mais um exercício concluído!

Atividade 3 – Percorrer um vetor com um laço

1. Abra o arquivo *03-vetor.html* localizado na pasta *03-vetores.*
2. Clique na linha 13 para iniciar o código JavaScript. Lembre-se de indentar o código pressionando a tecla *Tab* uma vez para posicionar o cursor.
3. Confira a seguir:

```
1  <!DOCTYPE html>
2  <html lang="pt-br">
3  <head>
4      <meta charset="utf-8">
5      <meta name="viewport" content="width=device-width, initial-scale=1">
6      <title>Exemplo de vetor</title>
7  </head>
8  <body>
9      <h1>Exemplo de vetor</h1>
10     <p id="teste"></p>
11
12     <script>
13
14     </script>
15
16 </body>
17 </html>
```

4. Agora, o objetivo é mostrar todos os elementos de um vetor dentro de uma lista em HTML. Para isso, você vai usar um laço para percorrer cada elemento do vetor e colocá-lo dentro de uma lista.
5. Digite os códigos abaixo:

```
// Criando as variáveis para o código
var cores, resultado, fim, cont;
cores = ['Verde', 'Amarelo', 'Azul', 'Branco'];
fim = cores.length;
```

6. Pule uma linha, continue com os códigos abaixo:

```
resultado = '<ul>';
for(cont = 0; cont < fim; cont++){
   resultado += '<li>' + cores[cont] + '</li>';
}
resultado += '</ul>';
```

7. Pule uma linha, continue com os códigos abaixo:

```
document.getElementById('teste').innerHTML = resultado;
```

8. Salve o arquivo.

9. Confira a seguir:

```
12    <script>
13        // Criando as variáveis
14        var cores, resultado, fim, cont;
15        cores = ['Verde', 'Amarelo', 'Azul', 'Branco'];
16        fim = cores.length;
17
18        resultado = '<ul>';
19        for(cont = 0; cont < fim; cont++){
20            resultado += '<li>' + cores[cont] + '</li>';
21        }
22        resultado += '</ul>';
23
24        document.getElementById('teste').innerHTML = resultado;
25    </script>
```

10. Para esse exercício você criou uma variável chamada *resultado*, que terá a função de acumular várias informações, chamada de *variável acumuladora*. Você verá mais informações sobre variáveis acumuladoras no capítulo 6 deste livro.

11. Observe que esta variável inicia com uma lista em HTML com o comando *<ul>* na linha 18.

12. Logo depois, você criou um laço de repetição na linha 19 para percorrer todos os elementos do vetor, desde o primeiro *(0)* até o último (< *fim*).

13. Na linha 20, novamente a variável *resultado* armazenando (concatenando) mais informações, criando os itens da lista com o comando *<li>*, concatenando com a posição do laço dentro do vetor, assim: *cores[cont]*, e concatenando novamente com o fechamento da lista *</li>*.

14. Após o término do laço, você armazenou mais um conteúdo na variável *resultado*, o fechamento da lista *</ul>*.

15. Por fim, na linha 24, você mostrou o conteúdo da variável *resultado*.

16. Para executar, abra a pasta *03-vetores* e clique duas vezes no arquivo *03-vetor.html*.

17. Observe o resultado no navegador conforme a figura 3.3:

Figura 3.3. Exemplo de vetor organizado em lista

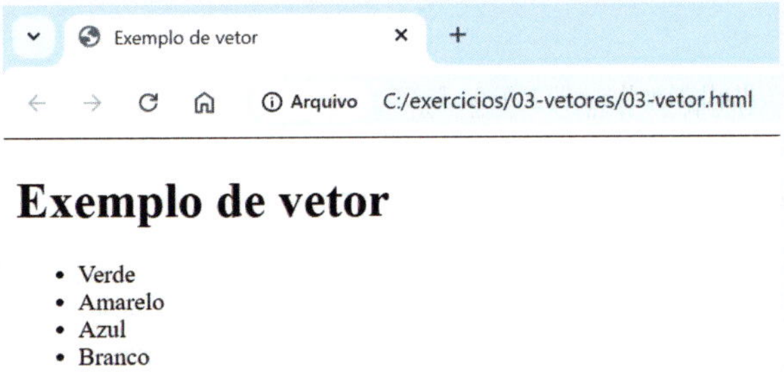

18. Mais uma atividade concluída!

Atividade 4 – Unir o conteúdo de vetores

1. Abra o arquivo *04-vetor.html* localizado na pasta *03-vetores.*
2. Clique na linha 14 para iniciar o código JavaScript. Lembre-se de indentar o código pressionando a tecla *Tab* uma vez para posicionar o cursor.
3. Confira conforme a seguir:

```
1  <!DOCTYPE html>
2  <html lang="pt-br">
3  <head>
4      <meta charset="utf-8">
5      <meta name="viewport" content="width=device-width, initial-scale=1">
6      <title>Exemplo de vetor</title>
7  </head>
8  <body>
9      <h1>Exemplo de vetor</h1>
10     <h3>Unindo conteúdo de vetores</h3>
11     <p id="teste"></p>
12
13     <script>
14
15     </script>
16
17 </body>
18 </html>
```

4. Agora você vai aprender a unir (concatenar) vetores usando o método *concat()*.

5. Digite os códigos abaixo:

```
// Criando os vetores
var vetor1 = [1, 2, 3];
var vetor2 = [4, 5, 6];
var vetor3 = [7, 8, 9];
var resultado = vetor1.concat(vetor2, vetor3);
```

6. Pule uma linha, continue com os códigos abaixo:

```
document.getElementById('teste').innerHTML = resultado;
```

7. Salve o arquivo.
8. Confira a seguir:

```
13    <script>
14        // Criando os vetores
15        var vetor1 = [1,2,3];
16        var vetor2 = [4,5,6];
17        var vetor3 = [7,8,9];
18        var resultado = vetor1.concat(vetor2, vetor3);
19
20        document.getElementById('teste').innerHTML = resultado;
21    </script>
```

9. Neste exercício, você criou três vetores com conteúdos inteiros da linha 15 até a linha 17.
10. Na linha 18, você criou o vetor *resultado* com a união de todos os vetores, usando o método *concat()*.
11. No final do arquivo, na linha 20, você mostrou o conteúdo do vetor *resultado*.
12. Para executar, abra a pasta *03-vetores* e clique duas vezes no arquivo *04-vetor.html*.
13. Observe o resultado no navegador conforme a figura 3.4:

Figura 3.4. Exemplo de vetor usando *concat()*

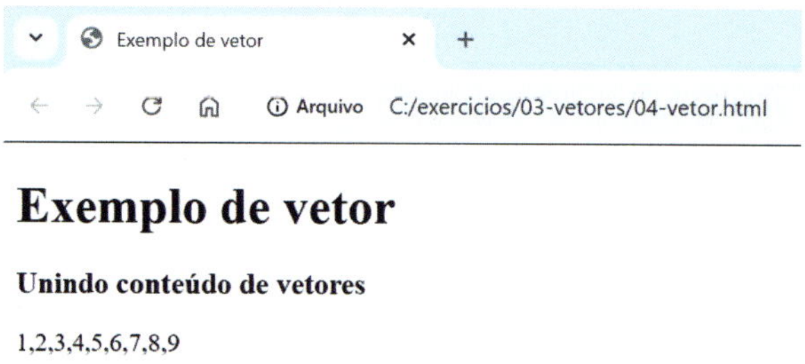

14. Neste ponto, mais uma tarefa concluída!

Atividade 5 – Adicionar elementos no início de um vetor

1. Abra o arquivo *05-vetor.html* localizado na pasta *03-vetores*.
2. Clique na linha 15 para iniciar o código JavaScript. Lembre-se de indentar o código pressionando a tecla *Tab* uma vez para posicionar o cursor.
3. Confira o arquivo conforme a seguir:

```
1   <!DOCTYPE html>
2   <html lang="pt-br">
3   <head>
4       <meta charset="utf-8">
5       <meta name="viewport" content="width=device-width, initial-scale=1">
6       <title>Exemplo de vetor</title>
7   </head>
8   <body>
9       <h1>Exemplo de vetor</h1>
10      <h3>Adiciona um ou mais elementos no início de um vetor</h3>
11      <p id="teste1">Vetor sem unshift: </p>
12      <p id="teste2">Vetor com unshift: </p>
13
14      <script>
15
16      </script>
17
18  </body>
19  </html>
```

4. Agora, você irá adicionar elementos no início de um vetor. Esses elementos serão adicionados depois do vetor ter sido criado.
5. Digite o código abaixo entre as tags *<script>*:

```
// Criando o vetor
var vetor = [2, 3, 4, 5];
// Mostrando o vetor no Id chamado 'teste1'
document.getElementById('teste1').innerHTML += vetor;
```

6. Pule uma linha, continue com os códigos abaixo:

```
// Adicionando elementos no início do vetor
vetor.unshift(0, 1);
// Mostrando novamente o vetor, agora com os elementos adicionados no início.
document.getElementById('teste2').innerHTML += vetor;
```

7. Salve o arquivo.

8. Confira a seguir:

```
<script>
    // Criando o vetor
    var vetor = [2,3,4,5,6];
    // Mostrando o vetor no ID chamado 'teste1'
    document.getElementById('teste1').innerHTML += vetor;

    // Adicionando elementos no início do vetor
    vetor.unshift(0,1);
    // Mostrando novamente o vetor, agora com os elementos adicionados no início.
    document.getElementById('teste2').innerHTML += vetor;
</script>
```

9. O método *unshift()* tem a finalidade de adicionar um ou mais elementos no início do vetor.
10. Para executar, abra a pasta *03-vetores* e clique duas vezes no arquivo *05-vetor.html.*
11. Observe o resultado no navegador conforme a figura 3.5:

Figura 3.5. Exemplo de vetor usando *unshift()*

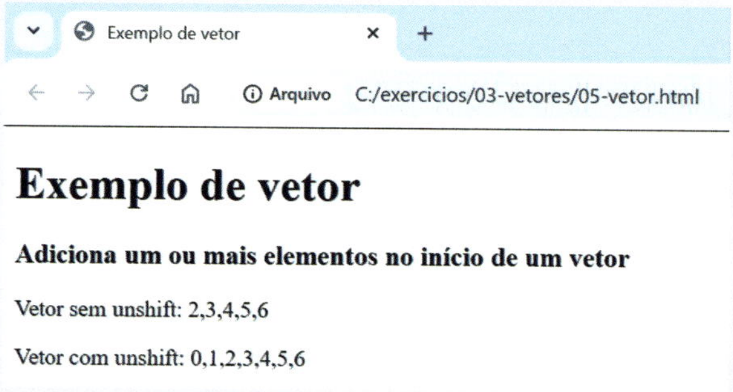

12. Observe os resultados antes e depois: sem *unshift()*, o valor inicial do vetor é *2, 3, 4, 5, 6*, e após o método *unshift(0,1)*, temos o resultado *0, 1, 2, 3, 4, 5, 6*.

Atividade 6 – Adicionar elementos no final de um vetor

1. Abra o arquivo *06-vetor.html* localizado na pasta *03-vetores*.
2. Clique na linha 15 para iniciar o código JavaScript. Lembre-se de indentar o código pressionando a tecla *Tab* uma vez para posicionar o cursor.
3. Confira o arquivo conforme a seguir:

```
1  <!DOCTYPE html>
2  <html lang="pt-br">
3  <head>
4      <meta charset="utf-8">
5      <meta name="viewport" content="width=device-width, initial-scale=1">
6      <title>Exemplo de vetor</title>
7  </head>
8  <body>
9      <h1>Exemplo de vetor</h1>
10     <h3>Adiciona um ou mais elementos no final de um vetor</h3>
11     <p id="teste1">Vetor sem push: </p>
12     <p id="teste2">Vetor com push: </p>
13
14     <script>
15
16     </script>
17
18 </body>
19 </html>
```

4. Agora, com o método *push()*, você fará o inverso da atividade 5: adicionar um ou mais elementos no final de um vetor.
5. Digite os códigos abaixo:

```
// Criando o vetor
var vetor = [1, 2, 3, 4, 5];
// Mostrando o vetor no Id chamado ‘teste1’.
document.getElementById(‘teste1’).innerHTML += vetor;
```

6. Pule uma linha, continue com os códigos abaixo:

```
// Adicionando elementos no final do vetor
vetor.push(6, 7);
// Mostrando novamente o vetor, agora com os elementos adicionados no final.
document.getElementById(‘teste2’).innerHTML += vetor;
```

7. Salve o arquivo.

8. Confira a seguir:

```
        <script>
            // Criando o vetor
            var vetor = [1,2,3,4,5];
            // Mostrando o vetor no ID chamado 'teste1'
            document.getElementById('teste1').innerHTML += vetor;

            // Adicionando elementos no final do vetor
            vetor.push(6,7);
            // Mostrando novamente o vetor, agora com os elementos adicionados no final.
            document.getElementById('teste2').innerHTML += vetor;
        </script>

    </body>
    </html>
```

9. O método *push()* tem a finalidade de adicionar um ou mais elementos no final do vetor.
10. Para executar, abra a pasta *03-vetores* e clique duas vezes no arquivo *06-vetor.html*.
11. Observe o resultado no navegador conforme a figura 3.6:

Figura 3.6. Exemplo de vetor usando *push()*

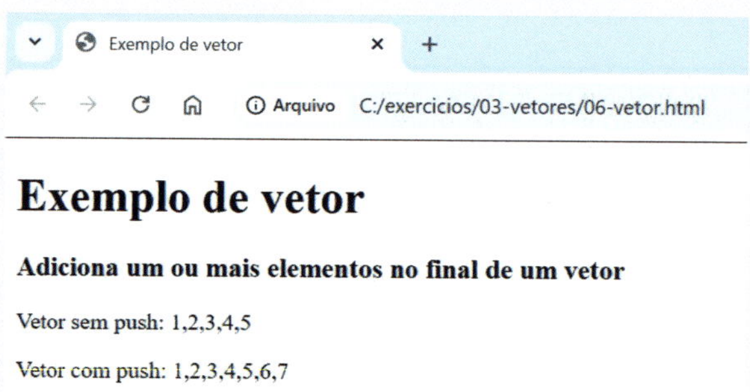

12. Observe os resultados antes e depois. Sem *push()*, o valor inicial do vetor: *1, 2, 3, 4, 5* e após o método *push(6, 7)*, temos o resultado: *1, 2, 3, 4, 5, 6, 7*.
13. Parabéns! Você chegou ao final do capítulo 3.

Exercícios extras

1. Crie um arquivo chamado *cap03-extra-01.html* na pasta *exercicios-extras.*
   a. Crie a marcação HTML padrão.
   b. Crie o título *Exercício extra 05* usando a tag *h1* em HTML.
   c. Crie um parágrafo com um Id chamado *resultado* com o texto '*Linguagem de programação web:* '.
   d. Crie um vetor chamado *linguagens.*
   e. Armazene o nome das linguagens web: *HTML, CSS, JavaScript* e *PHP.*
   f. Mostre no parágrafo a linguagem *JavaScript.*
   g. Comente todas as linhas de código.
2. Crie um arquivo chamado *cap03-extra-02.html* na pasta *exercicios-extras.*
   a. Crie a marcação HTML padrão.
   b. Crie o título *Exercício extra 06* usando a tag *h1* em HTML.
   c. Crie um parágrafo com Id chamado *resultado* e a frase '*Números:* '.
   d. Crie dois vetores chamados *vetor1* e *vetor2.*
   e. No primeiro, armazene os números de 1 a 5, e no segundo, de 6 a 10.
   f. Imprima no parágrafo todos os números em sequência, de 1 a 10.

Síntese do aprendizado

Neste capítulo, ao aprender sobre arrays, você deu um grande passo no domínio de estruturas de dados. Agora, você sabe que, diferentemente das variáveis tradicionais, os arrays permitem armazenar e manipular múltiplos valores de forma eficiente, tornando seu código mais organizado e dinâmico.

Com os exemplos práticos, ficou claro como os arrays são indispensáveis, seja no desenvolvimento de aplicações, como um gerenciador de tarefas, ou até mesmo em jogos, onde armazenam pontuações e itens coletados. Além disso, exploramos métodos poderosos, como *reduce()*, que ajudam a processar e extrair informações relevantes dos dados armazenados.

À medida que você avança no aprendizado de JavaScript, continue praticando e aplicando esses conceitos em pequenos projetos. Quanto mais você experimentar, mais natural será o uso de arrays em suas aplicações. No próximo capítulo, vamos explorar novos conceitos que tornarão suas habilidades ainda mais sólidas. Prepare-se para evoluir ainda mais!

4
Laço de repetição

Objetivo

» A programação, muitas vezes, envolve tarefas repetitivas, como exibir uma sequência de números, percorrer listas de dados ou até mesmo calcular uma tabuada. Fazer isso manualmente exigiria diversas linhas de código, tornando o processo trabalhoso e pouco eficiente. É aí que entram em cena os laços de repetição, que você conhecerá neste capítulo.

Principais laços de repetição do JavaScript

Laços de repetição são ferramentas essenciais que permitem executar uma ou mais instruções várias vezes de forma automatizada. Imagine que você precise exibir a tabuada de um número qualquer. Sem um laço, seria necessário escrever manualmente cada linha de cálculo. Com um laço de repetição, no entanto, você pode fazer isso com apenas algumas linhas de código, tornando o programa mais enxuto e eficiente.

Neste capítulo, você aprenderá sobre os principais laços de repetição do JavaScript:

- ***FOR***: usado quando sabemos exatamente quantas vezes queremos repetir uma tarefa.
- ***WHILE***: ideal para repetições baseadas em uma condição que pode variar.
- ***DO...WHILE***: semelhante ao *WHILE*, mas garante que o bloco de código seja executado pelo menos uma vez antes de verificar a condição.

Dominar os laços de repetição permitirá que você escreva códigos mais dinâmicos e poderosos, reduzindo retrabalho e tornando seus programas muito mais eficientes. Vamos nessa?

Atividades

Atividade 1 – Conhecer o laço de repetição *FOR*

1. Abra o arquivo *01-laco-for.html* localizado na pasta *04-lacos.*
2. Clique na linha 13 para iniciar o código JavaScript. Lembre-se de indentar o código pressionando a tecla *Tab* uma vez para posicionar o cursor.
3. Confira a seguir:

```
1  <!DOCTYPE html>
2  <html lang="pt-br">
3  <head>
4      <meta charset="utf-8">
5      <meta name="viewport" content="width=device-width, initial-scale=1">
6      <title>Laço de repetição FOR</title>
7  </head>
8  <body>
9      <h1>Laço de repetição FOR</h1>
10     <p id="tabuada"></p>
11
12     <script>
13
14     </script>
15
16 </body>
17 </html>
```

4. Você irá criar uma tabuada do 5 usando o laço de repetição *FOR.*
5. Digite os códigos abaixo:

```
// Criando as variáveis
var num = 5;
var cont = 1;
var resposta = '';
```

6. Pule uma linha, continue com os códigos abaixo:

```
// Criando a tabuada
for(cont = 1; cont <= 10; cont++){
   resposta += num + ' X ' + cont + ' = ' + (num*cont) + '<br>';
}
```

7. Pule uma linha, continue com os códigos abaixo:

```
// Mostrando a tabuada
document.getElementById('tabuada').innerHTML = resposta;
```

8. Salve o arquivo.

9. Confira a seguir:

```
12  <script>
13      // Criando as variáveis
14      var num = 5;
15      var cont = 1;
16      var resposta = '';
17
18      // Criando a tabuada
19      for(cont = 1; cont <= 10; cont++){
20          resposta += num + ' X ' + cont + ' = ' + num*cont + '<br>';
21      }
22
23      // Mostrando a tabuada
24      document.getElementById('tabuada').innerHTML = resposta;
25  </script>
```

Analise o código: nas três primeiras linhas foram criadas as variáveis *num* = *5* para gerar a tabuada do 5, *cont* = *1* para iniciar nosso laço de repetição a partir do número *1* e a variável *resposta*, que armazenará toda a tabuada dentro do laço (ela será mostrada no final do arquivo). Na linha 19 inicia-se o laço de repetição *for* dentro dos parênteses. Lê-se assim: para *cont* iniciando de *1*; enquanto *cont* for menor ou igual a *10*; incremente *1*. Simples? Num primeiro momento pode não parecer, mas você vai se acostumar e ver que é mais fácil do que parece!

10. Seguindo: dentro desse laço (o que estiver entre as chaves *{}*) está toda a tabuada. A variável *resposta* tem o sinal *(+=)*, que significa que ela armazena e recebe o próprio conteúdo a cada volta do laço, ou seja, é uma variável acumuladora mais uma vez. Essa variável vai receber a instrução 10 vezes.

11. No final do código, na linha 24, você pediu para mostrar a variável *resposta* no Id chamado *tabuada*.

12. Para executar, abra a pasta *04-lacos* e clique duas vezes no arquivo *01-laco-for.html*.

13. Observe o resultado no navegador conforme a figura 4.1:

Figura 4.1. Laço de repetição *FOR*

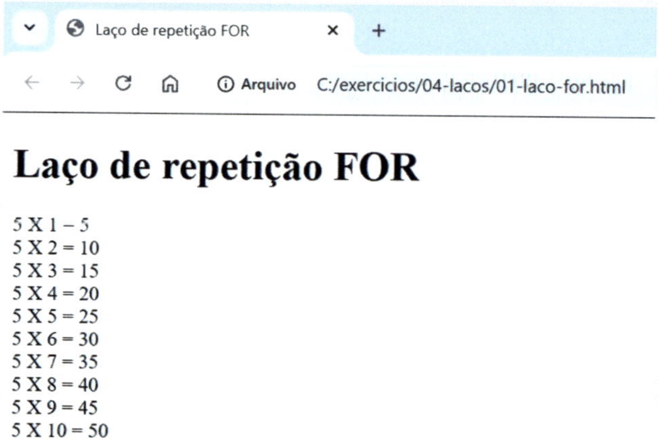

14. Veja que na linha 20 está toda a sua tabuada. No final dela há o código *
* em HTML que faz a quebra de linha, então a cada volta do laço o conteúdo é mostrado em uma nova linha, formando assim a tabuada.

Atividade 2 – Conhecer o laço de repetição *DO*

1. Abra o arquivo *02-laco-do.html* localizado na pasta *04-lacos*.
2. Clique na linha 13 para iniciar o código JavaScript. Lembre-se de indentar o código pressionando a tecla *Tab* uma vez para posicionar o cursor.
3. Confira a seguir:

```
1   <!DOCTYPE html>
2   <html lang="pt-br">
3   <head>
4       <meta charset="utf-8">
5       <meta name="viewport" content="width=device-width, initial-scale=1">
6       <title>Laço de repetição DO</title>
7   </head>
8   <body>
9       <h1>Laço de repetição DO</h1>
10      <p id="tabuada"></p>
11
12      <script>
13
14      </script>
15
16  </body>
17  </html>
```

4. Nessa atividade, você também vai criar uma tabuada, porém agora vai utilizar o *laço de repetição DO*.

5. Observe no código abaixo algumas diferenças entre os dois laços.

6. Digite os códigos abaixo:

```
// Criando as variáveis
var num = 5;
var cont = 1;
var resposta = '';
```

7. Pule uma linha, continue com os códigos abaixo:

```
// Criando a tabuada
do{
    resposta += num + ‘ X ’ + cont + ‘ = ’ + (num*cont) + ‘<br>’;
    cont++;
}
while(cont <= 10);
```

8. Pule uma linha, continue com os códigos abaixo:

```
// Mostrando a tabuada
document.getElementById(‘tabuada’).innerHTML = resposta;
```

9. Salve o arquivo.

10. Confira a seguir:

```
<script>
    // Criando as variáveis
    var num = 5;
    var cont = 1;
    var resposta = '';

    // Criando a tabuada
    do{
        resposta += num + ' X ' + cont + ' = ' + (num*cont) + '<br>';
        cont++;
    }
    while(cont <= 10);

    // Mostrando a tabuada
    document.getElementById('tabuada').innerHTML = resposta;
</script>
```

11. Perceba que para o laço de repetição *DO*, você criou as variáveis como na atividade anterior. Até esse ponto, tudo igual: assim que você criou o laço *DO*, logo em seguida, na linha 20, já está sendo armazenado na variável *resposta* o resultado da tabuada e, logo em seguida, na linha 21, você incrementou a variável *cont*.
12. Para o laço *DO* a variável *cont* foi criada e inicializada fora do laço de repetição e só é incrementada logo após a primeira volta do laço.
13. Observe o ponto de parada na linha 23.
14. Para executar, abra a pasta *04-lacos* e clique duas vezes no arquivo *02-laco-do.html*.
15. O resultado desse arquivo é o mesmo da atividade anterior, confira na figura 4.2:

Figura 4.2. Laço de repetição *DO*

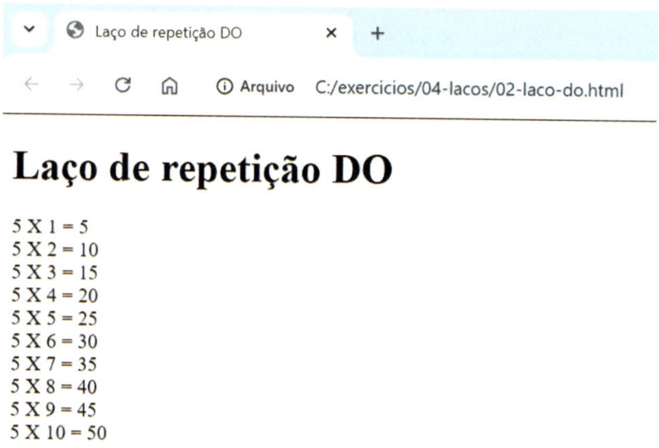

16. Observe a tabuada do 5 gerada como no laço de repetição *FOR* da atividade anterior.

Atividade 3 – Conhecer o laço de repetição *WHILE*

1. Abra o arquivo *03-laco-while.html* localizado na pasta *04-lacos.*
2. Clique na linha 13 para iniciar o código JavaScript. Lembre-se de indentar o código pressionando a tecla *Tab* uma vez para posicionar o cursor.
3. Confira a seguir:

```
1  <!DOCTYPE html>
2  <html lang="pt-br">
3  <head>
4      <meta charset="utf-8">
5      <meta name="viewport" content="width=device-width, initial-scale=1">
6      <title>Laço de repetição WHILE</title>
7  </head>
8  <body>
9      <h1>Laço de repetição WHILE</h1>
10     <p id="tabuada"></p>
11 
12     <script>
13 
14     </script>
15 
16 </body>
17 </html>
```

4. Da mesma forma que nas duas atividades anteriores, você vai criar mais uma vez a tabuada do 5, agora utilizando o laço de repetição *WHILE.*
5. Aqui também você verá algumas diferenças no código em relação aos outros laços de repetição.
6. Digite os códigos abaixo:

```
// Criando as variáveis
var num = 5;
var cont = 1;
var resposta = '';
```

7. Pule uma linha, continue com os códigos abaixo:

```
// Criando a tabuada
while(cont <= 10) {
   resposta += num + ' X ' + cont + ' = ' + (num*cont) + '<br>';
   cont++;
}
```

8. Pule uma linha, continue com os códigos abaixo:

```
// Mostrando a tabuada
document.getElementById('tabuada').innerHTML = resposta;
```

9. Salve o arquivo.
10. Confira a seguir:

```
12  <script>
13      // Criando as variáveis
14      var num = 5;
15      var cont = 1;
16      var resposta = '';
17
18      // Criando a tabuada
19      while(cont <= 10) {
20          resposta += num + ' X ' + cont + ' = ' + (num*cont) + '<br>';
21          cont++;
22      }
23
24      // Mostrando a tabuada
25      document.getElementById('tabuada').innerHTML = resposta;
26  </script>
```

11. O laço *WHILE* é semelhante ao laço *DO* com uma pequena diferença: o ponto de parada do laço está logo no início, na linha 19.
12. A variável *cont* também foi criada e inicializada fora do laço de repetição e incrementada logo após a primeira volta do laço.
13. Observe que a linha 20 é a mesma linha nos três exemplos de laços, toda a tabuada está nessa linha.
14. Para executar, abra a pasta *04-lacos* e clique duas vezes no arquivo *03-laco-while.html.*

15. O resultado desse arquivo é o mesmo das duas atividades anteriores, a tabuada do 5 está criada, conforme a figura 4.3:

Figura 4.3. Laço de repetição *WHILE*

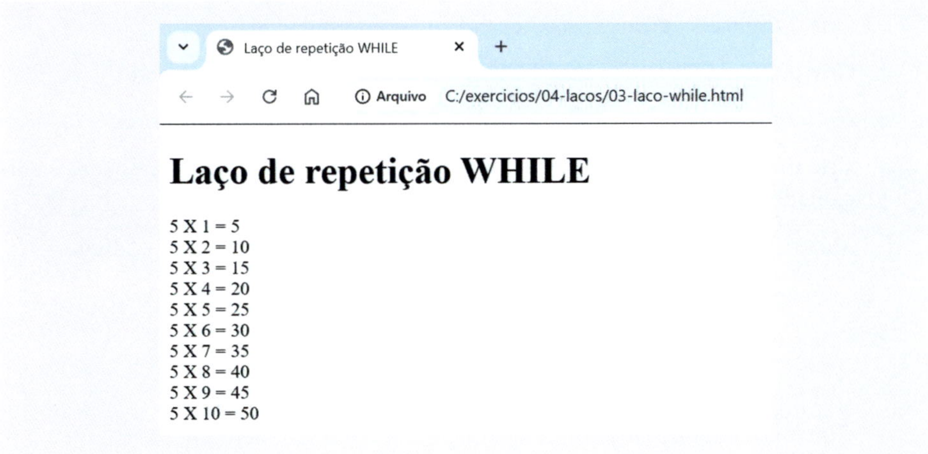

16. Com isso, você acabou de conhecer os três exemplos de laços de repetição. Atividades que precisam ser executadas várias vezes podem ser operadas com qualquer um desses laços, salvo algumas exceções.

Exercícios extras

1. Crie um arquivo chamado *cap04-extra-01.html* na pasta *exercicios-extras.*
   a. Crie a marcação HTML padrão.
   b. Crie o título *Exercício extra 07* usando a tag *h1* em HTML.
   c. Crie um parágrafo com um Id chamado *resultado* sem nenhum texto.
   d. No *script* crie uma variável chamada *total* e outra *cont* com os valores = *1.*
   e. Crie um laço de repetição *FOR* até 10, onde a cada volta da variável *cont* é adicionado *2* na variável total.
   f. Mostre todos os valores da variável total no parágrafo, comente o código.
2. Crie um arquivo chamado *cap04-extra-02.html* na pasta *exercicios-extras.*
   a. Crie a marcação HTML padrão.
   b. Crie o título *Exercício extra 08* usando a tag *h1* em HTML.
   c. Crie um parágrafo com um Id chamado *resultado* sem nenhum texto.
   d. No *script* crie uma variável chamada *total* e outra chamada *cont.*
   e. Crie um laço de repetição *WHILE* que mostre o valor da variável total de 10 até 1 no parágrafo, comente todo o código.

Síntese do aprendizado

Os laços de repetição são fundamentais para tornar o código mais eficiente e reduzir a necessidade de tarefas manuais repetitivas. Ao longo deste capítulo, você aprendeu como essas estruturas permitem executar blocos de código várias vezes de maneira automatizada.

Com o *FOR*, você pode definir exatamente quantas vezes um bloco de código será executado. Já com o *WHILE*, a repetição acontece enquanto uma determinada condição for verdadeira. O *DO... WHILE*, por sua vez, garante que o código será executado pelo menos uma vez antes da verificação da condição.

Com esse conhecimento, você pode criar soluções mais dinâmicas e flexíveis e otimizar a execução de tarefas repetitivas em seus programas. A prática desses conceitos ajudará a desenvolver códigos mais enxutos, organizados e eficientes.

5
Variável acumuladora

Objetivo

» Neste capítulo, você verá como usar a variável acumuladora em conjunto com as funções *parseInt()* e *parseFloat()*, fundamentais para transformar dados textuais em números inteiros ou decimais antes de somá-los corretamente.

Usos da variável acumuladora

Ao programar, é comum precisar somar valores ao longo do tempo ou armazenar dados de forma progressiva. Para isso, utiliza-se um recurso muito importante: a variável acumuladora. Como o próprio nome sugere, ela serve para acumular informações, seja somando valores numéricos ou construindo uma string gradualmente.

Talvez você já tenha usado esse tipo de variável em atividades anteriores, mesmo sem perceber. Ela está presente em situações como somar os pontos em um jogo, calcular o total de compras ou até formar frases com base em respostas do usuário. Agora, vamos nos aprofundar nesse conceito e aprender a trabalhar com acumuladores de maneira mais consciente e eficaz.

Prepare-se para entender como pequenas variáveis podem fazer uma grande diferença no funcionamento de seus programas.

Atividades

Atividade 1 – Conhecer a variável acumuladora em conjunto com a função *parseInt()*

1. Abra o arquivo *01-acumuladora.html* localizado na pasta *05-variavel-acumuladora.*
2. Clique na linha 13 para iniciar o código JavaScript. Lembre-se de indentar o código pressionando a tecla *Tab* uma vez para posicionar o cursor.
3. Confira a seguir:

```
1   <!DOCTYPE html>
2   <html>
3   <head>
4       <meta charset="utf-8">
5       <meta name="viewport" content="width=device-width, initial-scale=1">
6       <title>Variável acumuladora</title>
7   </head>
8   <body>
9       <h1>Variável acumuladora</h1>
10      <p id="teste">A soma de todos os números é: </p>
11
12      <script>
13
14      </script>
15
16  </body>
17  </html>
```

4. O objetivo desta atividade é pegar 10 números aleatórios digitados pelo usuário, convertê-los em uma caixa de texto para números inteiros e acumular a soma em uma variável acumuladora.
5. Digite os códigos abaixo:

```
// Criando as variáveis
var cont = 1;
var total = 0;
var numero = 0;
```

6. Pule uma linha, continue com os códigos abaixo:

```
// Informar ao usuário o que ele precisa fazer
alert('Digite 10 números aleatórios');
```

7. Pule uma linha, continue com os códigos abaixo:

```
// Criando o laço de repetição
for(cont = 1; cont <= 10; cont++) {
  numero = parseInt(prompt('Digite o ' + cont + 'o número',''));
  total = total + numero;
}
```

8. Pule uma linha, continue com os códigos abaixo:

```
// Mostrando o resultado
document.getElementById('teste').innerHTML += total;
```

9. Salve o arquivo.
10. Confira a seguir:

```
<script>
    // Criando as variáveis
    var cont = 1;
    var total = 0;
    var numero = 0;

    // Informar ao usuário o que ele precisa fazer
    alert('Digite 10 números aleatórios');

    // Criando o laço de repetição
    for(cont = 1; cont <= 10; cont++) {
        numero = parseInt(prompt('Digite o ' + cont + 'o número',''));
        total = total + numero;
    }

    // Mostrando o resultado
    document.getElementById('teste').innerHTML += total;
</script>
```

11. Para executar, abra a pasta *05-variavel-acumuladora* e clique duas vezes no arquivo *01-acumuladora.html.*
12. Nesta atividade, além de conhecer melhor a variável acumuladora, você também vai compreender a conversão de dados com a função *parseInt().*
13. Tudo o que você digita pelo método *prompt()* é uma string. Mesmo digitando um número, considere-o entre aspas.
14. Com a função *parseInt()* é possível remover essas aspas e trabalhar realmente com os números digitados.

15. Confira agora o resultado de sua atividade com a figura 5.1:

Figura 5.1. Variável acumuladora usando *parseInt()* – Detalhe do *alert()*

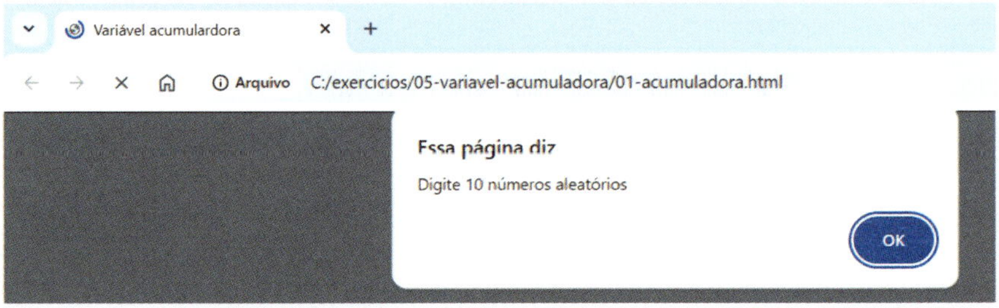

16. Observe que a primeira coisa a ser executada é o método *alert()* informando ao usuário o que ele terá que fazer.

17. Logo após o usuário confirmar no botão *OK*, o método *prompt()* solicita ao usuário para digitar o primeiro número, conforme a figura 5.2:

Figura 5.2. Variável acumuladora usando *parseInt()* – Detalhe do *prompt()*

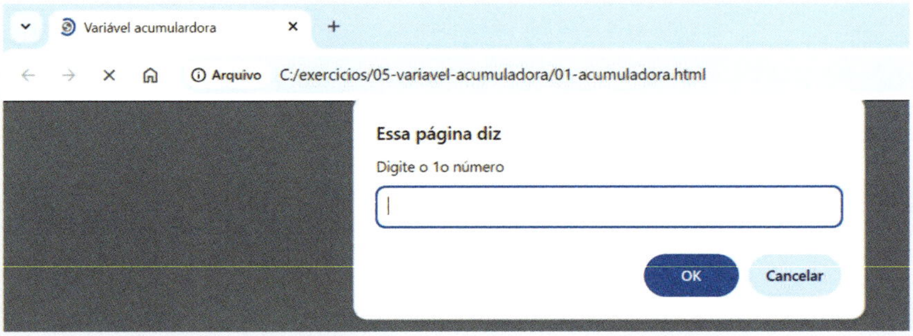

18. Observe a linha 23. A própria frase que você digitou concatenou a variável *cont* com a frase, assim, o usuário pode saber quantos números ele já digitou e quantos ainda faltam.

19. Após digitar os 10 números, a soma de todos eles aparecerá na tela. A instrução para a variável acumuladora, você digitou na linha 24: *total = total + numero;*.

20. Todo o processo acontece dentro de um laço de repetição que você digitou na linha 22.

Atividade 2 – Conhecer a variável acumuladora em conjunto com a função *parseFloat()*

1. Abra o arquivo *02-acumuladora.html* localizado na pasta *05-variavel-acumuladora.*
2. Clique na linha 13 para iniciar o código JavaScript. Lembre-se de indentar o código pressionando a tecla *Tab* uma vez para posicionar o cursor.
3. Confira a seguir:

```
1   <!DOCTYPE html>
2   <html>
3   <head>
4       <meta charset="utf-8">
5       <meta name="viewport" content="width=device-width, initial-scale=1">
6       <title>Variável acumuladora</title>
7   </head>
8   <body>
9       <h1>Variável acumuladora</h1>
10      <p id="teste">O total de vendas foi: </p>
11
12      <script>
13
14      </script>
15
16  </body>
17  </html>
```

4. Nesta atividade, você vai criar um script que solicita ao usuário a quantidade de vendas do dia. Após o usuário informar todos os valores das vendas, no final, o script mostra a soma total.
5. Digite o código abaixo:

```
// Criando as variáveis
var cont = 1;
var total = 0;
var venda = 0;
var fim = 0;
```

6. Pule uma linha, continue com os códigos abaixo:

```
// Solicitar ao usuário a quantidade de vendas do dia
fim = parseInt(prompt('Digite a quantidade de vendas',''));
```

7. Pule uma linha, continue com os códigos abaixo:

```
// Criando o laço de repetição
for(cont = 1; cont <= fim; cont++) {
  venda = parseFloat(prompt('Digite o valor da ' + cont + 'a venda',''));
  total = total + venda;
}
```

8. Pule uma linha, continue com os códigos abaixo:

```
// Mostrando o resultado
document.getElementById('teste').innerHTML += total;
```

9. Salve o arquivo.
10. Confira a seguir:

```
12  <script>
13      // Criando as variáveis
14      var cont = 1;
15      var total = 0;
16      var venda = 0;
17      var fim = 0;
18
19      // Solicitar ao usuário a quantidade de vendas do dia
20      fim = parseInt(prompt('Digite a quantidade de vendas',''));
21
22      // Criando o laço de repetição
23      for(cont = 1; cont <= fim; cont++) {
24          venda = parseFloat(prompt('Digite o valor da ' + cont + 'a venda',''));
25          total = total + venda;
26      }
27
28      // Mostrando o resultado
29      document.getElementById('teste').innerHTML += total;
30  </script>
```

11. Observe que na linha 20 você digitou a função *parseInt()* para obter a quantidade de vendas, por ser um valor inteiro.
12. Já na linha 24, você digitou a função *parseFloat()*, que permite a entrada de casas decimais para valores monetários. É importante lembrar que para esses valores, o usuário precisa informar o ponto no lugar das casas decimais, por exemplo, *150.80*, pois a função só reconhece o sistema americano.
13. Para executar, abra a pasta *05-variavel-acumuladora* e clique duas vezes no arquivo *02-acumuladora.html*.

14. Confira com a figura 5.3:

Figura 5.3. Variável acumuladora usando *parseFloat()* – Detalhe do primeiro *prompt()*

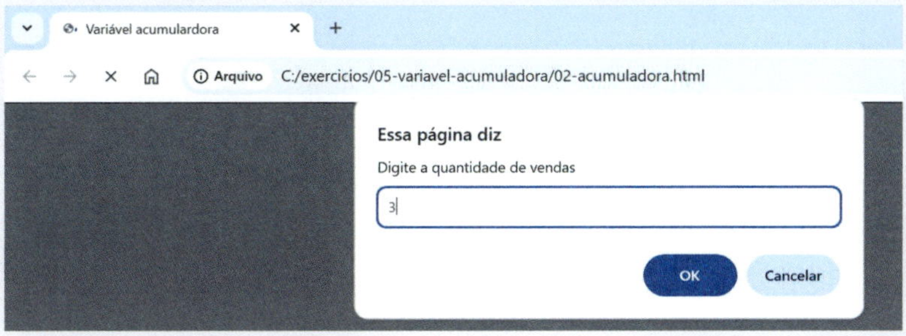

15. Veja que o sistema primeiro solicita ao usuário a quantidade de vendas, valor inteiro.
16. Logo após, o sistema solicita os valores monetários. Caso precise informar casas decimais, digite um ponto conforme a figura 5.4:

Figura 5.4. Variável acumuladora usando *parseFloat()* – Detalhe do segundo *prompt()*

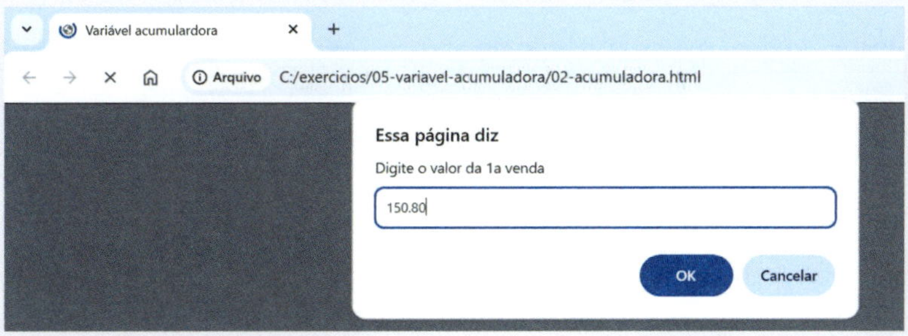

17. Após todos os valores informados, o sistema mostra a soma total. Confira na figura 5.5:

Figura 5.5. Variável acumuladora – Resultado final

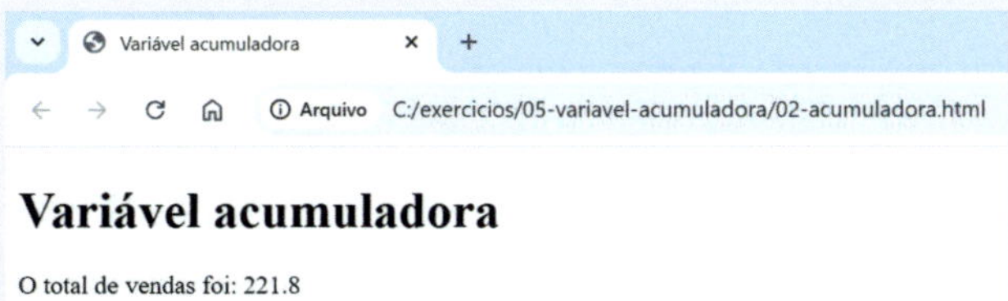

18. Muito bem, mais uma atividade concluída!

Exercícios extras

1. Crie um arquivo chamado *cap05-extra-01.html* na pasta *exercicios-extras*.
    a. Crie a marcação HTML padrão.
    b. Crie o título *Exercício extra 09* usando a tag *h1* em HTML.
    c. Crie um parágrafo com um Id chamado *resultado* com o texto '*Soma dos números multiplicados por 2:* '.
    d. Crie um script que peça ao usuário para digitar 5 números; esses números serão multiplicados por dois.
    e. No final, mostre no parágrafo a soma total desses números.
    f. Não esqueça de comentar o código.
2. Crie um arquivo chamado *cap05-extra-02.html* na pasta *exercicios-extras*.
    a. Crie a marcação HTML padrão.
    b. Crie o título *Exercício extra 10* usando a tag *h1* em HTML.
    c. Crie um parágrafo com um Id chamado *resultado* com o texto '*A soma dos salários:* '.
    d. Crie um script que peça ao usuário o salário de cada mês do ano.
    e. Mostre no final o total recebido no ano.
    f. Atenção: informe também os centavos.
    g. Comente o código.

Síntese do aprendizado

Neste capítulo, você aprendeu sobre a variável acumuladora, uma ferramenta essencial em qualquer linguagem de programação. Essa variável tem como função somar ou reunir dados ao longo do tempo, permitindo armazenar resultados parciais ou finais de maneira prática.

Você viu que ela pode ser utilizada tanto com números inteiros quanto com números decimais, especialmente quando combinada com as funções *parseInt()* e *parseFloat()*, que convertem textos em números antes do acúmulo.

Com a variável acumuladora, é possível resolver problemas como calcular a soma de valores inseridos pelo usuário, somar notas de alunos, controlar pontuação em jogos ou montar mensagens passo a passo.

Dominar esse conceito torna seu código mais funcional, organizado e eficiente, além de abrir portas para resolver desafios mais complexos de forma simples e lógica.

6

Estrutura condicional

Objetivo

Neste capítulo, você vai aprender a utilizar diferentes tipos de estruturas condicionais:

» a condicional simples, que executa um comando quando uma condição é verdadeira;

» a condicional composta, que oferece dois caminhos: um para quando a condição é verdadeira e outro para quando é falsa;

» a condição ternária, que permite decisões rápidas em uma única linha; e

» a estrutura de escolha (switch), ideal quando há várias possibilidades diferentes para tratar.

Estruturas condicionais em programação

Em muitas situações, precisamos tomar decisões. Seja escolher a roupa de acordo com o clima ou decidir o que fazer primeiro em um dia cheio de tarefas. Na programação, acontece a mesma coisa: muitas vezes é necessário seguir caminhos diferentes dependendo de uma condição. É aí que entram as estruturas condicionais.

As estruturas condicionais permitem que um programa "pense" e escolha o que deve ser feito com base em uma determinada situação. Elas são fundamentais para tornar o código mais inteligente, flexível e capaz de reagir a diferentes cenários. Por exemplo, você pode criar um sistema que diga se o aluno foi aprovado ou reprovado com base em sua nota.

Pense nas decisões que tomamos no dia a dia. Por exemplo:

- **"Se estiver frio, vou usar um casaco."**

  Essa é uma decisão simples baseada em uma condição: a temperatura. Se for verdade que está frio, você age de determinada forma.

- **"Se eu tiver dinheiro, vou ao cinema; se não, fico em casa assistindo a um filme."**

  Aqui temos uma decisão com dois caminhos possíveis: ir ao cinema ou ficar em casa. Essa é uma estrutura condicional composta.

- **"Se o sinal estiver verde, atravesse; se estiver amarelo, fique atento; se estiver vermelho, pare."**

  Esse é um ótimo exemplo de estrutura de escolha, com múltiplas possibilidades dependendo do valor de uma variável (neste caso, a cor do sinal).

- **"Se a média do aluno for maior ou igual a 7, então ele está aprovado."**

  Condições como essa são extremamente comuns em sistemas escolares e mostram como regras simples guiam decisões automáticas.

Essas situações cotidianas mostram como decisões baseadas em condições fazem parte da nossa lógica diária. Em programação, fazemos o mesmo: damos ao computador regras para que ele possa agir de acordo com diferentes cenários.

Com esses conhecimentos, você estará preparado para deixar seus programas muito mais dinâmicos e inteligentes.

Atividades

Atividade 1 – Conhecer a estrutura condicional simples

1. Abra o arquivo *01-condicional-simples.html* localizado na pasta *06-condicionais.*
2. Clique na linha 13 para iniciar o código JavaScript. Lembre-se de indentar o código pressionando a tecla *Tab* uma vez para posicionar o cursor.
3. Confira a seguir:

```
1  <!DOCTYPE html>
2  <html lang="pt-br">
3  <head>
4      <meta charset="utf-8">
5      <meta name="viewport" content="width=device-width, initial-scale=1">
6      <title>Estrutura condicional simples</title>
7  </head>
8  <body>
9      <h1>Estrutura condicional simples</h1>
10     <p id="teste"></p>
11
12     <script>
13
14     </script>
15
16 </body>
17 </html>
```

4. Para esse exemplo, imagine obter o resultado de um aluno sabendo que a média para aprovação precisar ser maior ou igual a 7.
5. Digite o código abaixo:

```
// Criando a variável
media = 7;
```

6. Pule uma linha, continue com os códigos abaixo:

```
// Criando o condicional simples
if(media >= 7) {
  resposta = 'Aprovado(a)';
}
```

7. Pule uma linha, continue com os códigos abaixo:

```
// Mostrando o resultado
document.getElementById('teste').innerHTML = resposta;
```

8. Salve o arquivo.

9. Confira a seguir:

```
12 <script>
13     // Criando a variável
14     media = 7;
15 
16     // Criando o condicional simples
17     if(media >= 7) {
18         resposta = 'Aprovado(a)';
19     }
20 
21     // Mostrando o resultado
22     document.getElementById('teste').innerHTML = resposta;
23 </script>
```

10. Na linha 14, você criou a variável *media* e atribuiu a ela o valor *7*.

11. A estrutura condicional simples só possibilita a resposta quando a condição for atendida. Nesse caso, você digitou na linha 17 a instrução *if(media >= 7)*, o que significa que "se a variável *media* for maior ou igual a *7*" a instrução logo abaixo será executada; no caso, armazenar o texto *Aprovado(a)* na variável resposta.

12. Caso o valor de *media* fosse menor que *7*, nada aconteceria, pois, a estrutura condicional simples só tem uma condição: *se verdadeiro*.

13. Para executar, abra a pasta *06-condicionais* e clique duas vezes no arquivo *01-condicional-simples.html*.

14. Confira a figura 6.1:

Figura 6.1. Estrutura condicional simples

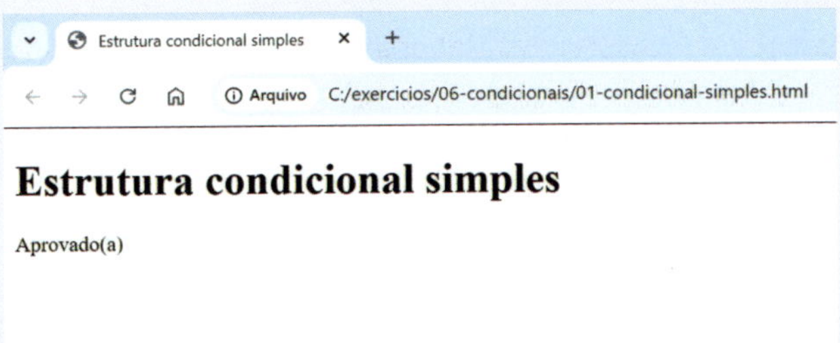

15. Como o valor da variável *media* foi *7*, o resultado foi *Aprovado(a)*.

Atividade 2 – Conhecer a estrutura condicional composta

1. Abra o arquivo *02-condicional-composta.html* localizado na pasta *06-condicionais.*
2. Clique na linha 13 para iniciar o código JavaScript. Lembre-se de indentar o código pressionando a tecla *Tab* uma vez para posicionar o cursor.
3. Confira a seguir:

```
1   <!DOCTYPE html>
2   <html lang="pt-br">
3   <head>
4       <meta charset="utf-8">
5       <meta name="viewport" content="width=device-width, initial-scale=1">
6       <title>Estrutura condicional composta</title>
7   </head>
8   <body>
9       <h1>Estrutura condicional composta</h1>
10      <p id="teste"></p>
11
12      <script>
13
14      </script>
15
16  </body>
17  </html>
```

4. Agora você vai criar um script um pouco melhor: imagine que o aluno pode não tirar uma boa nota. Nesse caso, será necessário criar outras opções de resposta, e é aí que entra o termo *senão*. Pense dessa forma: se a média for maior ou igual a *7* o(a) aluno(a) está *Aprovado(a)*, senão, está *Reprovado(a).*
5. Observe que agora você terá uma outra opção de resposta, assim seu script ficará mais completo.
6. Digite o código abaixo:

```
// Criando a variável
media = 6;
```

7. Pule uma linha, continue com os códigos abaixo:

```
// Criando o condicional composta
if(media >= 7) {
  resposta = 'Aprovado(a)';
}else{
  resposta = 'Reprovado(a)';
}
```

8. Pule uma linha, continue com os códigos seguinte:

```
// Mostrando o resultado
document.getElementById('teste').innerHTML = resposta;
```

9. Salve o arquivo.
10. Confira a seguir:

```
12  <script>
13      // Criando a variável
14      media = 6;
15
16      // Criando o condicional composta
17      if(media >= 7) {
18          resposta = 'Aprovado(a)';
19      }else{
20          resposta = 'Reprovado(a)';
21      }
22
23      // Mostrando o resultado
24      document.getElementById('teste').innerHTML = resposta;
25  </script>
```

11. Veja que a única alteração nessa atividade foi acrescentar mais uma alternativa para resposta. Na linha 19, logo após o fechamento das chaves *{}*, você digitou a palavra reservada *else* e abriu novamente um par de chaves *{}* possibilitando assim que seu script tenha uma segunda área para armazenar instruções. Nesse caso, quando o condicional não for atendido. Veja que a média agora foi 6, então esse(a) aluno(a) não foi *Aprovado(a)* e, com isso, automaticamente o sistema foi para o *else (senão)* e a variável *resposta* recebeu *Reprovado(a).*
12. Para executar, abra a pasta *06-condicionais* e clique duas vezes no arquivo *02-condicional-composta.html.*
13. Confira a figura 6.2:

Figura 6.2. Estrutura condicional composta

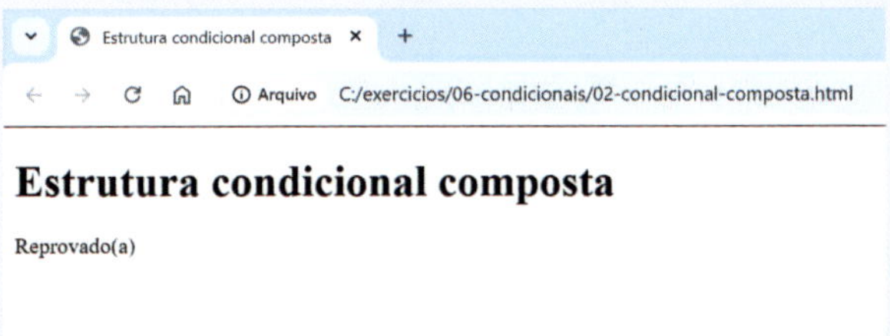

14. Como o valor da média foi 6, o resultado foi *Reprovado(a).*

15. Indo um pouco mais além, imagine agora uma terceira opção: o(a) aluno(a) pode ficar de recuperação se tirar uma nota maior ou igual a 6.

16. Para isso você precisará ter em seu código uma terceira resposta.

17. Abra o arquivo *03-condicional-composta.html* localizado na pasta *06-condicionais*.

18. Clique na linha 13 para iniciar o código JavaScript. Lembre-se de indentar o código pressionando a tecla *Tab* uma vez para posicionar o cursor.

19. Confira a seguir:

```
1   <!DOCTYPE html>
2   <html lang="pt-br">
3   <head>
4       <meta charset="utf-8">
5       <meta name="viewport" content="width=device-width, initial-scale=1">
6       <title>Estrutura condicional composta</title>
7   </head>
8   <body>
9       <h1>Estrutura condicional composta</h1>
10      <p id="teste"></p>
11
12      <script>
13
14      </script>
15
16  </body>
17  </html>
```

20. Digite o código abaixo:

```
// Criando a variável
media = 6;
```

21. Pule uma linha, continue com os códigos abaixo:

```
// Criando o condicional composta
if(media >= 7) {
  resposta = 'Aprovado(a)';
}else if(media >= 6) {
  resposta = 'Recuperação';
}else{
  resposta = 'Reprovado(a)';
}
```

22. Pule uma linha, continue com os códigos abaixo:

```
// Mostrando o resultado
document.getElementById('teste').innerHTML = resposta;
```

23. Salve o arquivo.

24. Confira a seguir:

```
12  <script>
13      // Criando a variável
14      media = 6;
15  
16      // Criando o condicional composta
17      if(media >= 7) {
18          resposta = 'Aprovado(a)';
19      }else if(media >= 6) {
20          resposta = 'Recuperação';
21      }else{
22          resposta = 'Reprovado(a)';
23      }
24  
25      // Mostrando o resultado
26      document.getElementById('teste').innerHTML = resposta;
27  </script>
```

25. A alteração foi feita na linha 19. Observe que você digitou mais uma condição: você acrescentou um *if(media >= 6)* na frente da palavra *else* e, traduzindo, ficou *senão se*, então, todo o código fica assim: se a média for maior ou igual a 7, então a resposta recebe *Aprovado(a)*, senão, se a média for maior ou igual a 6, a resposta recebe *Recuperação*, senão a resposta recebe *Reprovado(a)*.

26. Para executar, abra a pasta *06-condicionais* e clique duas vezes no arquivo *03-condicional-composta.html*.

27. Confira a figura 6.3:

Figura 6.3. Estrutura condicional composta encadeada

28. Como o valor de *media* foi 6, o resultado foi *Recuperação*.

Atividade 3 – Conhecer a estrutura condicional ternário

1. Abra o arquivo *04-condicional-ternario.html* localizado na pasta *06-condicionais.*
2. Clique na linha 13 para iniciar o código JavaScript. Lembre-se de indentar o código.
3. Confira a seguir:

```
1  <!DOCTYPE html>
2  <html lang="pt-br">
3  <head>
4      <meta charset="utf-8">
5      <meta name="viewport" content="width=device-width, initial-scale=1">
6      <title>Estrutura condicional ternario</title>
7  </head>
8  <body>
9      <h1>Estrutura condicional ternario</h1>
10     <p id="teste"></p>
11 
12     <script>
13 
14     </script>
15 
16 </body>
17 </html>
```

4. O condicional ternário é uma estrutura resumida. Sua sintaxe é simples: em uma única linha, você obtém seus resultados. Digite os códigos abaixo:

```
// Criando as variáveis
var media = 7;
var resultado = '';
```

5. Pule uma linha, continue com os códigos abaixo:

```
// Condicional ternário
resultado = (media >= 7) ? 'Aprovado(a)' : 'Reprovado(a)';
```

6. Pule uma linha, continue com os códigos abaixo:

```
// Mostrando o resultado
document.getElementById('teste').innerHTML = resultado;
```

7. Salve o arquivo.

8. Confira a seguir:

```
<script>
    // Criando as variáveis
    var media = 7;
    var resultado = '';

    // Condicional ternário
    resultado = (media >= 7) ? 'Aprovado(a)' : 'Reprovado(a)';

    // Mostrando o resultado
    document.getElementById('teste').innerHTML = resultado;
</script>
```

9. Veja que em uma única linha você conseguiu criar um condicional. Tente ler dessa forma: a variável *resultado* recebe *'Aprovado(a)'* se *media* for *maior ou igual a 7, senão* ela recebe *'Reprovado(a)'*.
10. O ponto de interrogação *(?)* separa a condição com sua resposta em caso afirmativo, e os dois pontos *(:)* substituem o *else (senão)*, quando a condição não for atendida.
11. Para executar, abra a pasta *06-condicionais* e clique duas vezes no arquivo *04-condicional-ternario.html.*
12. Confira a figura 6.4:

Figura 6.4. Estrutura condicional ternário

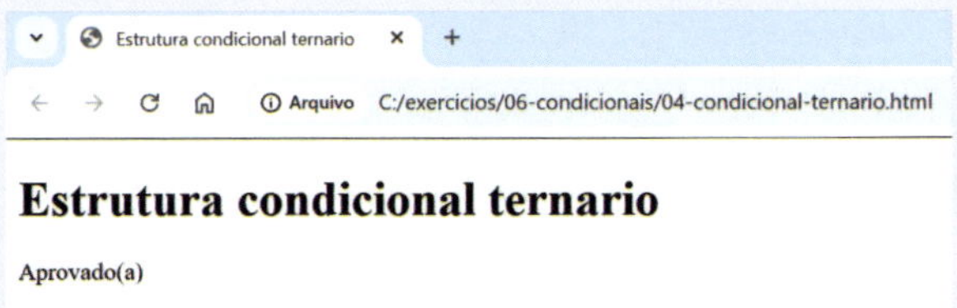

13. Como o valor de *media* foi *7*, o resultado foi *Aprovado(a)*.
14. O condicional ternário também pode ter mais opções, veja a seguir.
15. Abra o arquivo *05-condicional-ternario.html* localizado na pasta *06-condicionais*.

16. Confira a seguir:

```
<!DOCTYPE html>
<html lang="pt-br">
<head>
    <meta charset="utf-8">
    <meta name="viewport" content="width=device-width, initial-scale=1">
    <title>Estrutura condicional ternario</title>
</head>
<body>
    <h1>Estrutura condicional ternario</h1>
    <p id="teste"></p>

    <script>

    </script>
</body>
</html>
```

17. Digite os códigos abaixo:

```
// Criando as variáveis
var media = 6;
var resultado = '';
```

18. Pule uma linha, continue com os códigos abaixo:

```
// Condicional ternário
resultado = (media >= 7) ? 'Aprovado(a)' :
(media >= 6) ? 'Recuperação' :
'Reprovado(a)';
```

19. Pule uma linha, continue com os códigos abaixo:

```
// Mostrando o resultado
document.getElementById('teste').innerHTML = resultado;
```

20. Salve o arquivo.

21. Confira a seguir:

```
12  <script>
13      // Criando as variáveis
14      var media = 6;
15      var resultado = '';
16
17      // Condicional ternário
18      var resultado = (media >= 7) ? 'Aprovado' :
19                      (media >= 6) ? 'Recuperação' :
20                      'Reprovado';
21
22      // Mostrando o resultado
23      document.getElementById('teste').innerHTML = resultado;
24  </script>
```

22. Veja que apenas foi adicionada mais uma alternativa na linha 19, com a mesma estrutura da linha 18, que substitui o *senão se*.

23. Para executar, abra a pasta *06-condicionais* e clique duas vezes no arquivo *05-condicional-ternario.html*.

24. Confira com a figura 6.5:

Figura 6.5. Estrutura condicional ternário composta

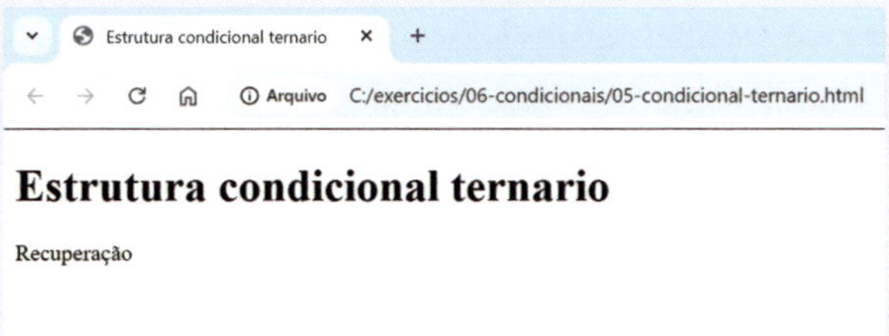

25. Como o valor de *media* foi 6, o resultado foi *Recuperação*.

Atividade 4 – Conhecer a estrutura condicional escolha

1. Abra o arquivo *06-condicional-escolha.html* localizado na pasta *06-condicionais.*
2. Clique na linha 13 para iniciar o código JavaScript. Lembre-se de indentar o código pressionando a tecla *Tab* uma vez para posicionar o cursor.
3. Confira a seguir:

```
1  <!DOCTYPE html>
2  <html lang="pt-br">
3  <head>
4      <meta charset="utf-8">
5      <meta name="viewport" content="width=device-width, initial-scale=1">
6      <title>Estrutura condicional escolha</title>
7  </head>
8  <body>
9      <h1>Estrutura condicional escolha</h1>
10     <p id="teste"></p>
11 
12     <script>
13 
14     </script>
15 </body>
16 </html>
```

4. Essa estrutura é bastante utilizada quando se tem muitas opções a serem escolhidas, uma alternativa das estruturas condicionais.
5. Imagine os dias da semana: são 7 dias, e a ideia é criar um script que solicita ao usuário um número de 1 a 7, para o sistema retornar o dia da semana.
6. Digite o código abaixo:

```
// Criando as variáveis
var dia = 0;
var resposta = '';
```

7. Pule uma linha, continue com os códigos abaixo:

```
// Solicitando um número para o usuário
dia = parseInt(prompt('Digite um número de 1 a 7',''));
```

8. Pule uma linha, continue com os códigos abaixo:

```
// Criando o condicional escolha
switch(dia) {
  case 1:
    resposta = 'Domingo';
    break;
  case 2:
    resposta = 'Segunda';
    break;
  case 3:
    resposta = 'Terça';
    break;
  case 4:
    resposta = 'Quarta';
    break;
  case 5:
    resposta = 'Quinta';
    break;
  case 6:
    resposta = 'Sexta';
    break;
  case 7:
    resposta = 'Sábado';
    break;
  default:
    resposta = 'Dia da semana não existe';
}
```

9. Pule uma linha, continue com os códigos abaixo:

```
// Mostrando o resultado
document.getElementById('teste').innerHTML = resposta;
```

10. Salve o arquivo.

11. Confira a seguir:

```
12  <script>
13      // Criando as variáveis
14      var dia = 0;
15      var resposta = '';
16
17      // Solicitando um número para o usuário
18      dia = parseInt(prompt('Digite um número de 1 a 7',''));
19
20      // Criando o condicional escolha
21      switch(dia){
22          case 1:
23              resposta = 'Domingo';
24              break;
25          case 2:
26              resposta = 'Segunda';
27              break;
28          case 3:
29              resposta = 'Terça';
30              break;
31          case 4:
32              resposta = 'Quarta';
33              break;
34          case 5:
35              resposta = 'Quinta';
36              break;
37          case 6:
38              resposta = 'Sexta';
39              break;
40          case 7:
41              resposta = 'Sábado';
42              break;
43          default:
44              resposta = 'Dia da semana não existe';
45      }
46
47      // Mostrando o resultado
48      document.getElementById('teste').innerHTML = resposta;
49  </script>
```

12. Observe a partir da linha 18: você solicitou ao usuário para digitar um número de 1 a 7 e armazenar o inteiro na variável *dia*.

13. A partir da linha 21, inicia o condicional *switch (escolha)* que tem a função de procurar o conteúdo digitado entre as alternativas com a palavra reservada *case*, ou seja, caso o usuário tenha digitado o número 5, por exemplo, automaticamente a resposta estará no *case 5*, que é: *resposta = 'Quinta'*.

14. O condicional segue assim por diante e caso o número informado não esteja entre os *cases*, o sistema dispara o *default* com a *resposta = 'Dia da semana não existe'*.

15. Para executar, abra a pasta *06-condicionais* e clique duas vezes no arquivo *06-condicional-escolha.html.*

16. Confira a figura 6.6:

Figura 6.6. Condicional escolha – Detalhe do *prompt()*

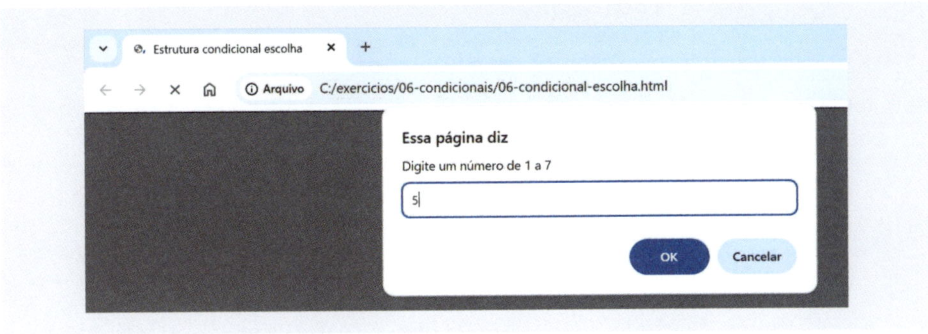

17. Assim que o arquivo é executado, o *prompt* aparece solicitando ao usuário um número de 1 a 7. Neste exemplo, foi informado o valor 5.
18. Com isso, a resposta passa a ser *Quinta*, conforme a figura 6.7.

Figura 6.7. Condicional escolha

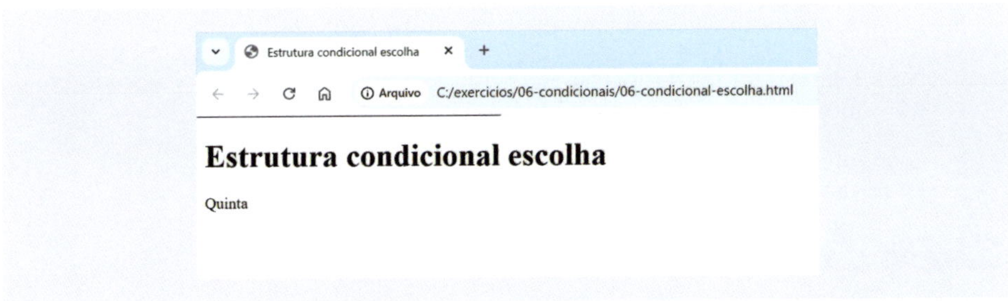

Exercícios extras

1. Crie um arquivo chamado *cap06-extra-01.html* na pasta *exercicios-extras.*
   a. Crie a marcação HTML padrão.
   b. Crie o título *Exercício extra 11* usando a tag *h1* em HTML.
   c. Crie um parágrafo com um Id chamado *resultado* com o texto *'Você é: '*.
   d. Crie um script que peça ao usuário para digitar a idade: ele deve verificar se a idade informada é maior ou menor de 18.
   e. Mostrar no parágrafo o texto: *maior de idade* ou *menor de idade.*
   f. Comente o código.
2. Crie um arquivo chamado *cap06-extra-02.html* na pasta *exercicios-extras.*
   a. Crie a marcação HTML padrão.
   b. Crie o título *Exercício extra 12* usando a tag *h1* em HTML.
   c. Crie um parágrafo com um Id chamado *resultado* com o texto *'Seu saldo é: '*.
   d. Crie um script que simule uma operação bancária, com as opções *(1) Sacar* e *(2) Depositar* em um prompt.
   e. Depois, crie outro prompt para que seja informado valor.
   f. No final, o script deve mostrar seu saldo. Antes das operações, seu saldo era de R$ 1.500,00.
   g. Comente seu código.

Síntese do aprendizado

Neste capítulo, você aprendeu que as estruturas condicionais são fundamentais para desenvolver um programa mais inteligente e dinâmico. Elas permitem que o código tome decisões com base em determinadas condições, como se estivesse "pensando" qual caminho seguir.

Você conheceu diferentes tipos de estrutura condicional:

- **Simples:** avalia uma condição e executa um bloco de código se for verdadeira.
- **Composta:** permite escolher entre dois caminhos – um se a condição for verdadeira, ou outro, se for falsa.
- **Ternário:** uma forma mais compacta de escrever condições simples com dois resultados possíveis.
- **De escolha (switch):** ideal quando se tem várias possibilidades e se deseja escolher uma entre elas, de forma organizada.

Essas estruturas são amplamente utilizadas em situações do dia a dia, como responder a perguntas do tipo “se isso acontecer, então faça aquilo”, ou “qual das opções foi escolhida?”. Dominar as estruturas condicionais é essencial para o desenvolvimento de algoritmos mais eficientes, capazes de se adaptar a diferentes cenários e regras.

Você agora tem mais uma ferramenta poderosa para tomar decisões dentro dos seus códigos. Parabéns por mais esse avanço!

7

Controle de fluxo

Objetivo

» Neste capítulo, você vai aprender a otimizar o desempenho dos programas por meio dos comandos *break* e *continue*, pois nem sempre será desejado que todas as instruções de um laço de repetição sejam executadas até o fim.

Flexibilidade e controle sobre os algoritmos

À medida que seus programas se tornam mais complexos, surge a necessidade de ter um maior controle sobre o fluxo de execução. Ou seja, nem sempre queremos que todas as instruções de um laço sejam executadas até o fim. Às vezes, é preciso interromper uma repetição antes do tempo ou pular uma parte do código dentro de um laço quando uma condição específica for atendida.

Para isso, o JavaScript oferece duas ferramentas muito úteis: os comandos *break* e *continue*.

- ***Break:*** serve para interromper imediatamente a execução de um laço, encerrando-o completamente assim que uma condição for atendida.
- ***Continue:*** pula a iteração atual do laço e segue para a próxima repetição, ignorando o restante do código dentro daquele ciclo específico.

Esses comandos são frequentemente usados dentro de estruturas de repetição, como o *FOR*, o *WHILE* ou o *DO...WHILE*, para garantir que o programa reaja de maneira inteligente a determinadas situações.

Comando *break*

Exemplo teórico

Imagine que você está percorrendo uma lista de produtos em busca de um item específico. Assim que encontrá-lo, não é necessário continuar a busca. Nesse caso, o *break* pode ser usado para interromper o laço assim que o item for localizado, economizando tempo e processamento.

Exemplo prático

"Ao procurar um livro em uma estante, assim que encontrá-lo, pare de procurar."

Comando *continue*

Exemplo teórico

Suponha que você esteja exibindo números de 1 a 10, mas deseje pular os números pares. O *continue* pode ser utilizado para ignorar os pares e seguir direto para o próximo número ímpar, sem encerrar o laço.

Exemplo prático

"Durante a leitura de um artigo, você pula parágrafos que já conhece e continua a leitura apenas dos novos trechos."

Atividades

Atividade 1 – Conhecer o comando *break*

1. Abra o arquivo *01-break.html* localizado na pasta *07-controle-de-fluxo*.
2. Clique na linha 13 para iniciar o código JavaScript. Lembre-se de indentar o código pressionando a tecla *Tab* uma vez para posicionar o cursor.
3. Confira a seguir:

```
1   <!DOCTYPE html>
2   <html lang="pt-br">
3   <head>
4       <meta charset="utf-8">
5       <meta name="viewport" content="width=device-width, initial-scale=1">
6       <title>Controle de fluxo - break</title>
7   </head>
8   <body>
9       <h1>Controle de fluxo - break</h1>
10      <p id="teste"></p>
11
12      <script>
13
14      </script>
15  </body>
16  </html>
```

4. Digite o código abaixo:

```
// Criando as variáveis
var resposta = '';
var cont = 0
```

5. Pule uma linha, continue com os códigos abaixo:

```
// Criando o laço de repetição
for(cont = 0; cont <= 10; cont++) {
  if(cont === 8) {
    break;
  }
  resposta += 'O valor da variável é: ' + cont + '<br>';
}
document.getElementById('teste').innerHTML = resposta;
```

6. Salve o arquivo.
7. Confira a seguir:

```
12 <script>
13     // Criando as variáveis
14     var resposta = '';
15     var cont = 0;
16 
17     // Criando o laço de repetição
18     for(cont = 0; cont <= 10; cont++){
19         if(cont === 8){
20             break;
21         }
22         resposta += 'Valor da variável é: ' + cont + '<br />';
23     }
24     document.getElementById('teste').innerHTML = resposta;
25 </script>
```

8. O objetivo deste script é mostrar o valor da variável *cont* a cada iteração do laço de repetição, porém, se o valor da variável *cont* for igual a *8*, o laço será interrompido. Essa informação está a partir da linha 19, com o condicional: *if(cont === 8)* e, na linha 20, o comando *break*, que interrompe o script.

9. Para executar, abra a pasta *07-controle-de-fluxo* e clique duas vezes no arquivo *01-break.html.*

10. Confira a figura 7.1:

Figura 7.1. Controle de fluxo – *break*

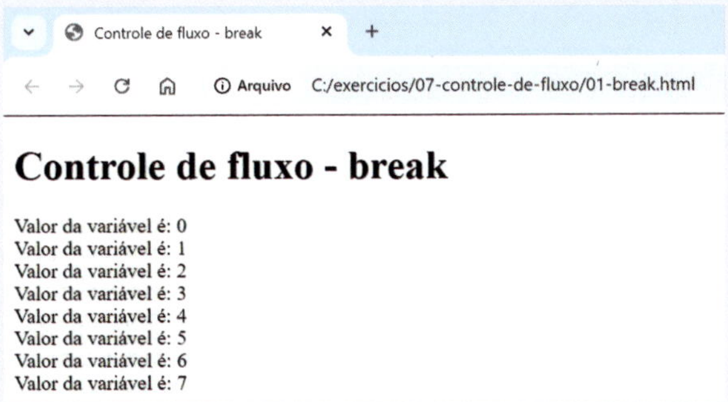

11. Veja que o script só fez a impressão até a variável *cont* chegar a *7*. Quando ela atingiu o valor *8*, o script foi interrompido.

Atividade 2 – Conhecer o comando *continue*

1. Abra o arquivo *02-continue.html* localizado na pasta *07-controle-de-fluxo*.
2. Clique na linha 13 para iniciar o código JavaScript. Lembre-se de indentar o código pressionando a tecla *Tab* uma vez para posicionar o cursor.
3. Confira a seguir:

```
1   <!DOCTYPE html>
2   <html lang="pt-br">
3   <head>
4       <meta charset="utf-8">
5       <meta name="viewport" content="width=device-width, initial-scale=1">
6       <title>Controle de fluxo - continue</title>
7   </head>
8   <body>
9       <h1>Controle de fluxo - continue</h1>
10      <p id="teste"></p>
11
12      <script>
13
14      </script>
15  </body>
16  </html>
```

4. Digite o código abaixo:

```
// Criando as variáveis
var resposta = ‘’;
var cont = 0
```

5. Pule uma linha, continue com os códigos abaixo:

```
// Criando o laço de repetição
for(cont = 0; cont <= 10; cont++) {
  if(cont === 8) {
    continue;
  }
  resposta += ‘O valor da variável é: ‘ + cont + ‘<br>’;
}
document.getElementById(‘teste’).innerHTML = resposta;
```

6. Salve o arquivo.

7. Confira a seguir:

```
12 <script>
13         // Criando as variáveis
14         var resposta = '';
15         var cont = 0;
16 
17         // Criando o laço de repetição
18         for(cont = 0; cont <= 10; cont++){
19             if(cont === 8){
20                 continue;
21             }
22             resposta += 'Valor da variável é: ' + cont + '<br />';
23         }
24         document.getElementById('teste').innerHTML = resposta;
25 </script>
```

8. O objetivo desse script é semelhante ao da atividade anterior, porém agora, quando o valor da variável *cont* for igual a *8*, o laço pula a execução do comando que está logo abaixo, no caso, a impressão na tela do valor da variável *8*. Essa informação está a partir da linha 19, com o condicional: *if(cont === 8)*, e na linha 20, o comando *continue*, que pula o script.

9. Para executar, abra a pasta *07-controle-de-fluxo* e clique duas vezes no arquivo *02-continue.html*.

10. Confira a figura 7.2:

Figura 7.2. Controle de fluxo – *continue*

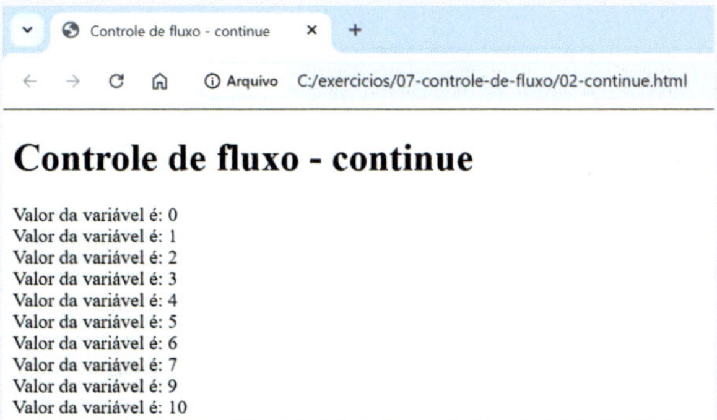

11. Veja que o script fez a impressão até a variável *cont* chegar a *7*. Quando ela atingiu o valor *8*, o script pulou a impressão e voltou a imprimir a partir do valor de *cont = 9*.

Pronto, dois comandos simples e de fácil aplicação, mas com grandes possibilidades de uso. Você concluiu mais um capítulo!

Exercícios extras

1. Crie um arquivo chamado *cap07-extra-01.html* na pasta *exercicios-extras*.
    a. Crie a marcação HTML padrão.
    b. Crie o título *Exercício extra 13* usando a tag *h1* em HTML.
    c. Crie um parágrafo com um Id chamado *resultado* sem nenhum texto.
    d. Crie um script que solicite ao usuário um número de 1 a 30.
    e. O script deverá mostrar todos os números, menos o número informado.
2. Crie um arquivo chamado *cap07-extra-02.html* na pasta *exercicios-extras*.
    a. Crie a marcação HTML padrão.
    b. Crie o título *Exercício extra 14* usando a tag *h1* em HTML.
    c. Crie um parágrafo com um Id chamado *resultado* sem nenhum texto.
    d. Crie um script que solicite ao usuário um número de 1 a 30.
    e. O script deverá mostrar todos os números até um número antes do informado.

Síntese do aprendizado

Neste capítulo, você aprendeu que nem sempre é necessário ou desejado executar todas as instruções de um laço de repetição até o fim. Em muitas situações, é importante ter um controle mais preciso sobre o fluxo de execução do programa, e é aí que entram os comandos *break* e *continue*.

O comando *break* permite interromper completamente a execução de um laço, encerrando-o assim que uma condição específica é atendida. Ele é útil, por exemplo, quando você já encontrou o que procurava dentro de uma repetição e não precisa continuar.

Já o comando *continue* possibilita pular a iteração atual do laço e partir diretamente para a próxima, ignorando o restante do bloco de código naquele ciclo. Isso é ideal para evitar executar determinadas instruções quando certas condições forem verdadeiras, sem precisar encerrar o laço.

Com esses dois comandos, você passou a ter mais flexibilidade e controle sobre seus algoritmos, otimizando o desempenho e tornando os programas mais inteligentes e eficientes. Agora, suas estruturas de repetição estão mais poderosas e adaptáveis a diferentes situações!

8

Funções

Objetivo

» Neste capítulo, você vai conhecer as funções, blocos de código reutilizáveis que permitem dividir um problema em partes menores, o que facilita a compreensão dos códigos.

Conceito de função em programação

Em programação, funções são como pequenas máquinas que realizam tarefas específicas. São blocos de código executados somente quando são chamados (ou invocados), e servem tanto para organizar melhor o programa quanto para reaproveitar trechos de código sempre que necessário.

Uma função pode receber dados de entrada, chamados parâmetros, e pode retornar um resultado após executar suas instruções. Isso permite que ela seja usada de maneira flexível e adaptável, conforme a necessidade do programa.

Você pode imaginar uma função como uma calculadora: ela só faz a conta quando você digita os números e aperta o botão de igual. Ou ainda, como uma receita de bolo: a função é a receita em si, e os ingredientes são os parâmetros que você fornece.

Exemplos:

- Micro-ondas: quando você digita o tempo e aperta "iniciar", o micro-ondas executa sua função de esquentar a comida. O tempo seria o parâmetro.
- Mensagem automática: um aplicativo envia "Bom dia, [nome]!" — a função pode receber o nome como parâmetro para personalizar a mensagem.
- Aplicativo de notas: você cria uma função para calcular a média de um aluno. Basta passar as notas como parâmetros, e ela retorna o resultado.

Atividades

Atividade 1 – Declarar uma função sem parâmetro

1. Abra o arquivo *01-funcao-sem-parametro.html* localizado na pasta *08-funcoes*.
2. Clique na linha 15 para iniciar o código JavaScript. Lembre-se de indentar o código pressionando a tecla *Tab* uma vez para posicionar o cursor.
3. Confira a seguir:

```
1   <!DOCTYPE html>
2   <html lang="pt-br">
3   <head>
4       <meta charset="utf-8">
5       <meta name="viewport" content="width=device-width, initial-scale=1">
6       <title>Função sem parâmetro</title>
7   </head>
8   <body>
9       <h1>Função sem parâmetro</h1>
10      <p id="teste"></p>
11
12      <button type="button">Mostra</button>
13
14      <script>
15
16      </script>
17
18  </body>
19  </html>
```

4. Observe que nesse arquivo HTML existe um botão criado na linha 12. Para invocar, ou “chamar” a função, você vai precisar desse botão. Veja a seguir como fazer.
5. Digite o código abaixo:

```
// Declarando uma função
function mostraTexto(){
    // Declarando as variáveis
    var texto = ‘Linguagem JavaScript <br>’;
    var media = (2+5+8)/3 + ‘<br>’;
    var resposta = true;
    // Mostrando a função
    document.getElementById(‘teste’).innerHTML = texto + media + resposta;
}
```

6. Você acaba de declarar uma função chamada *mostraTexto()*. Veja que para chamar a função, será preciso informar, além do seu nome, os dois parênteses, neste caso, por se tratar de uma função sem parâmetros.

7. Agora você vai criar um *JavaScript inline* dentro da tag *<button>* usando o evento *onclick*. Veja a seguir o código.

8. Clique na linha 12 antes de fechar a tag *<button>* logo após *type="button"* e digite o código a seguir:

```
onclick="mostraTexto();"
```

9. Confira:

```
12  <button type="button" onclick="mostraTexto();">Mostra</button>
13
14  <script>
15      // Declarando uma função
16      function mostraTexto(){
17          // Declarando as variáveis
18          var texto = 'Linguagem Javascript <br>';
19          var media = (2+5+8)/3 + '<br>';
20          var resposta = true;
21          // Mostrando a função
22          document.getElementById('teste').innerHTML = texto + media + resposta;
23      }
24  </script>
```

10. Para executar, abra a pasta *08-funcoes* e clique duas vezes no arquivo *01-funcao-sem-parametro.html*.

11. Confira a figura 8.1:

Figura 8.1. Função sem parâmetro

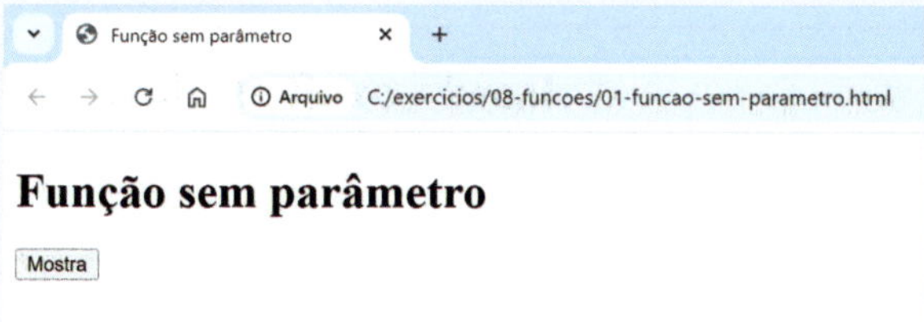

12. Observe que o arquivo foi aberto e somente o HTML está na tela. A função só será executada quando o botão *Mostra* for pressionado.

13. Clique no botão *Mostra*.

14. Confira a figura 8.2:

Figura 8.2. Função sem parâmetro – Resultado final

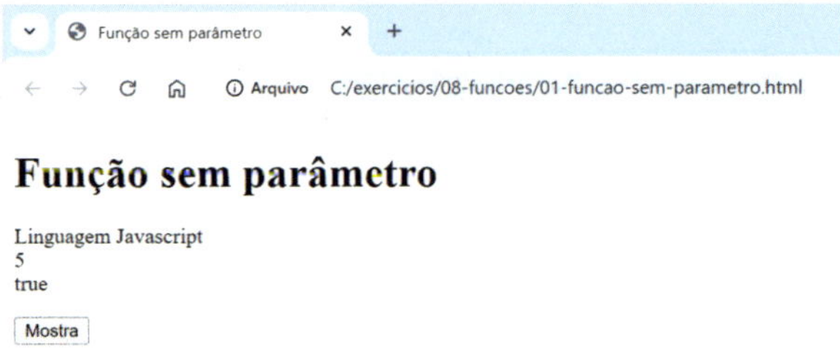

15. Agora sim, a função foi executada, mostrando todas as variáveis que foram criadas.

Atividade 2 – Declarar uma função com parâmetros (exemplo 1)

1. Abra o arquivo *02-funcao-com-parametros.html* localizado na pasta *08-funcoes*.
2. A partir desse ponto, você vai criar arquivos externos de JavaScript, com códigos puros em JavaScript, ou seja, com extensão *.js*.
3. Nesse arquivo existe um parágrafo identificado como *teste* e, logo abaixo, a chamada do arquivo externo *02-funcao-com-parametros.js*. Veja que agora, dentro da tag *<script>* existe a propriedade *src*, que tem a função de procurar um arquivo externo no caminho informado (no caso, dentro da mesma pasta em que o arquivo HTML se encontra).
4. Confira a seguir:

```
<!DOCTYPE html>
<html lang="pt-br">
<head>
    <meta charset="utf-8">
    <meta name="viewport" content="width=device-width, initial-scale=1">
    <title>Função com parâmetros</title>
</head>
<body>
    <h1>Função com parâmetros</h1>
    <p id="teste">A soma dos números é: </p>

    <script src="02-funcao-com-parametros.js"></script>

</body>
</html>
```

5. Em seu editor de códigos, crie um arquivo novo e salve com o nome *02-funcao-com--parametros.js*.

6. Digite o código abaixo:

```
//Declarando a função
function Soma(a, b) {
    return a + b;
}
```

7. Pule uma linha, continue com os códigos abaixo:

```
// Declarando as variáveis
var num1 = 0, num2 = 0;
```

8. Pule uma linha, continue com os códigos abaixo:

```
// Solicitando os valores para o usuário
num1 = parseInt(prompt(‘Digite um número’,’’));
num2 = parseInt(prompt(‘Digite outro número’,’’));
```

9. Pule uma linha, continue com os códigos abaixo:

```
// Mostrando o resultado na tela
document.getElementById(‘teste’).innerHTML += Soma(num1, num2);
```

10. Salve o arquivo.

11. Confira a seguir:

```
//Declarando a função
function Soma(a, b){
    return a + b;
}

// Declarando as variáveis
var num1 = 0, num2 = 0;

// Solicitando os valores para o usuário
num1 = parseInt(prompt('Digite um número', ''));
num2 = parseInt(prompt('Digite outro número', ''));

// Mostrando o resultado na tela
document.getElementById('teste').innerHTML += Soma(num1, num2);
```

12. Para executar, abra a pasta *08-funcoes* e clique duas vezes no arquivo *02-funcao-com--parametros.html.*

13. Confira a figura 8.3:

Figura 8.3. Função com parâmetros – Detalhe do *prompt()*

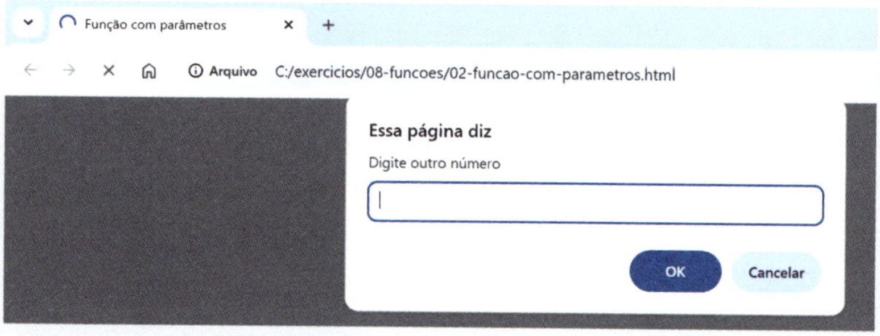

14. O script vai solicitar dois números para o usuário. Informe os dois números e veja se a soma deles aparece no arquivo, conforme a figura 8.4:

Figura 8.4. Função com parâmetros – Resultado final

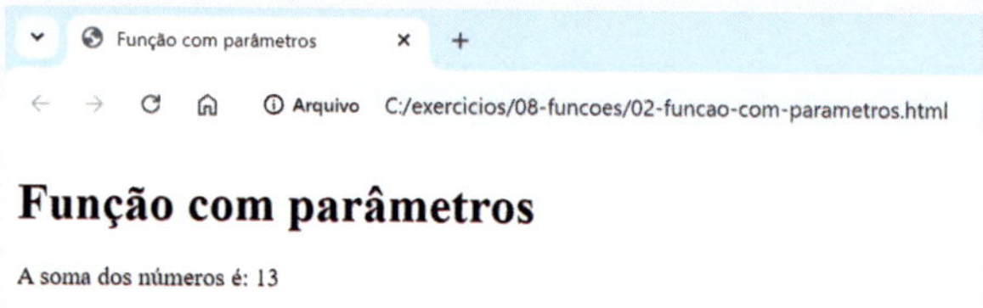

15. No exemplo anterior, há o total da soma dos números *5* e *8*, informados.

16. Analisando o código, no arquivo *02-funcao-com-parametro.js,* na linha 2, você declarou a função *Soma* e criou dois parâmetros *(a, b)*. Assim, ao invocar a função, você precisa informar os valores para esses parâmetros, o que foi feito na linha 14 no final do arquivo, assim: *Soma(num1, num2)*. Essas duas variáveis têm os valores que o usuário informou nos dois comandos *prompt()*, passando, assim, o conteúdo dessas variáveis para os parâmetros da função, e ela, por sua vez, retorna a soma desses parâmetros conforme a linha 3: *return a + b*.

17. O uso de parâmetros torna essa função dinâmica. Se você executar novamente o arquivo *02-funcao-com-parametro.html* poderá informar novos valores e obter um novo resultado.

18. Muito bacana e útil o uso de parâmetros!

Atividade 3 – Declarar uma função com parâmetros (exemplo 2)

1. Abra o arquivo *03-funcao-com-parametros.html* localizado na pasta *08-funcoes*.
2. Confira a seguir:

```
<!DOCTYPE html>
<html lang="pt-br">
<head>
    <meta charset="utf-8">
    <meta name="viewport" content="width=device-width, initial-scale=1">
    <title>Função com parâmetros</title>
</head>
<body>
    <h1>Função com parâmetros</h1>
    <p id="teste1">A soma dos números é: </p>
    <p id="teste2">A subtração dos números é: </p>
    <p id="teste3">A multiplicação dos números é: </p>
    <p id="teste4">A divisão dos números é: </p>

    <button type="button" onclick="">Soma</button>
    <button type="button" onclick="">Subtração</button>
    <button type="button" onclick="">Multiplicação</button>
    <button type="button" onclick="">Divisão</button>

    <script src="03-funcao-com-parametros.js"></script>

</body>
</html>
```

3. Indo um pouco mais além, neste exemplo você vai criar um arquivo com várias funções que poderá executar várias contas.
4. Semelhante à atividade anterior, esse arquivo HTML já está quase pronto, você fará apenas algumas alterações para chamar as funções. Antes disso, crie o arquivo externo.
5. Em seu editor de códigos, crie um arquivo chamado *03-funcao-com-parametros.js*.
6. Digite os códigos abaixo:

```
// Declarando as funções
function Soma(a, b) {
    return a + b;
}
```

7. Pule uma linha, continue com os códigos abaixo:

```
function Sub(a, b) {
    return a – b;
}
```

8. Pule uma linha, continue com os códigos abaixo:

```
function Mult(a, b) {
    return a * b;
}
```

9. Pule uma linha, continue com os códigos abaixo:

```
function Div(a, b) {
    return a / b;
}
```

10. Pule uma linha, continue com os códigos abaixo:

```
// Declarando as variáveis
var num1 = 0, num2 = 0;
```

11. Pule uma linha, continue com os códigos abaixo:

```
// Solicitando os valores para o usuário
num1 = parseInt(prompt('Digite um número',''));
num2 = parseInt(prompt('Digite outro número',''));
```

12. Salve o arquivo.

13. Confira a seguir:

```
// Declarando as funções
function Soma(a, b){
    return a + b;
}

function Sub(a, b){
    return a - b;
}

function Mult(a, b){
    return a * b;
}

function Div(a, b){
    return a / b;
}

// Declarando as variáveis
var num1 = 0, num2 = 0

// Solicitando os valores para o usuário
num1 = parseInt(prompt('Digite um número', ''));
num2 = parseInt(prompt('Digite outro número', ''));
```

14. Observe que nesse código você não digitou a instrução para onde o resultado deve aparecer, ou seja, o comando *document.getElementById()*, pois nesse arquivo cada função deve mostrar seu resultado em um local específico, então essas chamadas das funções serão um pouco diferentes. Abra o arquivo *03-funcao-com-parametros.html* e digite os seguintes códigos dentro das tags dos botões, nos eventos *onclick* de cada botão, conforme segue:

15. Clique na linha 15. Dentro das aspas do evento *onclick=""*, digite:

```
document.getElementById('teste1').innerHTML += Soma(num1, num2);
```

16. Digite os demais códigos, cada um dentros de cada evento *onclick*.

```
document.getElementById('teste2').innerHTML += Sub(num1, num2);
document.getElementById('teste3').innerHTML += Mult(num1, num2);
document.getElementById('teste4').innerHTML += Div(num1, num2);
```

17. Salve o arquivo.

18. Confira a seguir:

```
15  <button type="button" onclick="document.getElementById('teste1').innerHTML += Soma(num1,
    num2);">Soma</button>
16  <button type="button" onclick="document.getElementById('teste2').innerHTML += Sub(num1,
    num2);">Subtração</button>
17  <button type="button" onclick="document.getElementById('teste3').innerHTML += Mult(num1,
    num2);">Multiplicação</button>
18  <button type="button" onclick="document.getElementById('teste4').innerHTML += Div(num1,
    num2);">Divisão</button>
```

19. Agora basta testar os arquivos.

20. Para executá-los, abra a pasta *08-funcoes* e clique duas vezes no arquivo *03-funcao-com-parametros.html.*

21. Confira a figura 8.5:

Figura 8.5. Função com parâmetros e várias funções – Detalhe do *prompt()*

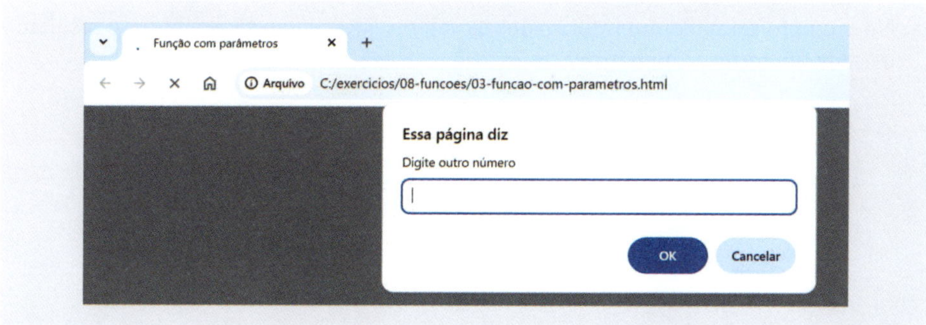

Assim que o arquivo for aberto serão solicitados dois números. Informe esses dois números e confira a figura 8.6:

Figura 8.6. Função com parâmetros e várias funções – Após *prompt()*

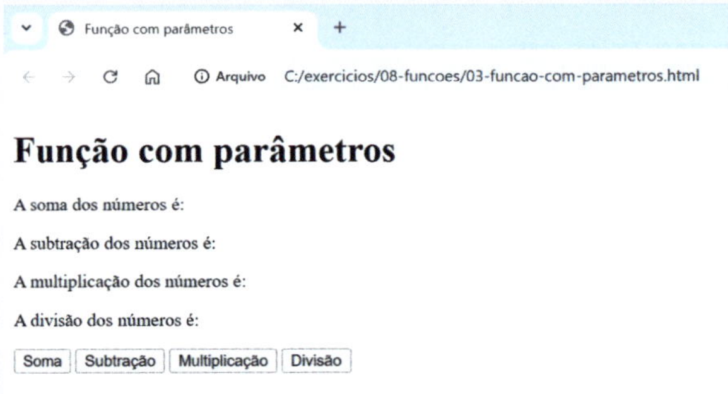

22. Por se tratar de funções, precisam ser invocadas. Para isso, clique em cada um dos botões para invocar a respectiva função, e os resultados aparecerão na frente de cada parágrafo, conforme a figura 8.7:

Figura 8.7. Função com parâmetros e várias funções – Resultado final

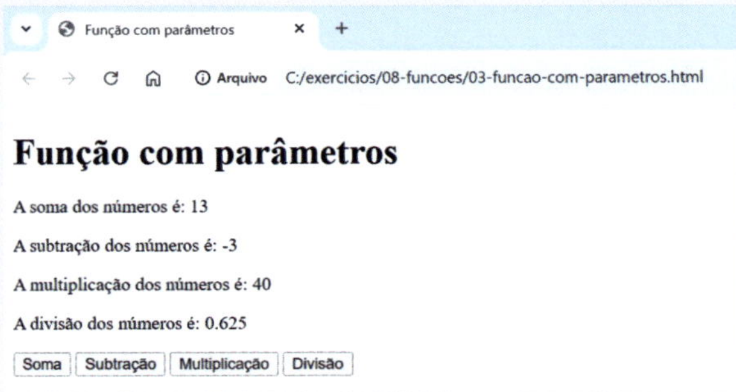

23. No exemplo acima foram informados os valores *5* e *8*, então são exibidos o resultado de cada operação matemática.

Atividade 4 – Declarar uma função com parâmetros (exemplo 3)

1. Abra o arquivo *04-funcao-com-parametros.html* localizado na pasta *08-funcoes.*

2. Confira a seguir:

```
<!DOCTYPE html>
<html lang="pt-br">
<head>
    <meta charset="utf-8">
    <meta name="viewport" content="width=device-width, initial-scale=1">
    <title>Função com parâmetros</title>
</head>
<body>
    <h1>Função com parâmetros</h1>
    <p id="teste">A média do(a) aluno(a) é: </p>

    <script src="04-funcao-com-parametros.js"></script>

</body>
</html>
```

3. Para este exemplo, você vai criar um arquivo externo com uma função para descobrir a média das notas de um(a) aluno(a). Para isso, crie, em seu editor de códigos, um arquivo novo e salve com o nome *04-funcao-com-parametros.js.*

4. Digite os códigos abaixo:

```
// Declarando a função
function Media(a, b, c, d) {
    return (a+b+c+d) / 4;
}
```

5. Pule uma linha, continue com os códigos abaixo:

```
// Criando as variáveis
var nota1 = 0, nota2 = 0, nota3 = 0, nota4 = 0;
```

6. Pule uma linha, continue com os códigos abaixo:

```
// Mensagem para o usuário
alert('Informe as 4 notas do(a) aluno(a)');
```

7. Pule uma linha, continue com os códigos abaixo:

// Solicitando as notas para o usuário
nota1 = parseFloat(prompt('Digite a primeira nota'));
nota2 = parseFloat(prompt('Digite a segunda nota'));
nota3 = parseFloat(prompt('Digite a terceira nota'));
nota4 = parseFloat(prompt('Digite a quarta nota'));

8. Pule uma linha, continue com os códigos abaixo:

// Mostrando o resultado
document.getElementById('teste').innerHTML += Media(nota1, nota2, nota3, nota4);

9. Salve o arquivo.
10. Confira a seguir:

```
// Declarando a função
function Media(a, b, c, d) {
    return (a+b+c+d) / 4;
}


// Criando as variáveis
var nota1 = 0, nota2 = 0, nota3 = 0, nota4 = 0;


// Mensagem para o usuário
alert('Informe as 4 notas do(a) aluno(a)');


// Solicitando as notas para o usuário
nota1 = parseFloat(prompt('Digite a primeira nota'));
nota2 = parseFloat(prompt('Digite a segunda nota'));
nota3 = parseFloat(prompt('Digite a terceira nota'));
nota4 = parseFloat(prompt('Digite a quarta nota'));

// Mostrando o resultado
document.getElementById('teste').innerHTML += Media(nota1, nota2, nota3, nota4);
```

11. Para executar, abra a pasta *08-funcoes* e clique duas vezes no arquivo *04-funcao-com--parametros.html.*

12. Confira a figura 8.8:

Figura 8.8. Função com parâmetros – Cálculo da média – Detalhe do *alert()*

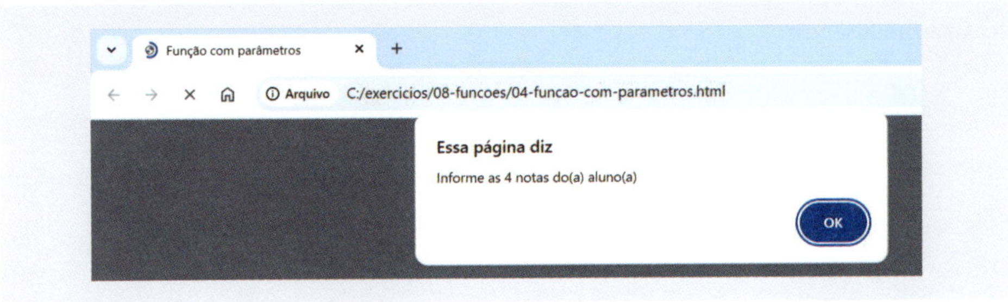

13. Assim que o arquivo for aberto, aparecerá um alert com uma mensagem avisando o usuário que ele precisa informar 4 notas do(a) aluno(a).
14. Clique no botão *OK*.
15. Informe as 4 notas do(a) aluno(a).
16. Após informar as 4 notas, você obterá o resultado da média do(a) aluno(a). Confira a figura 8.9:

Figura 8.9. Função com parâmetros – Cálculo da média – Resultado final

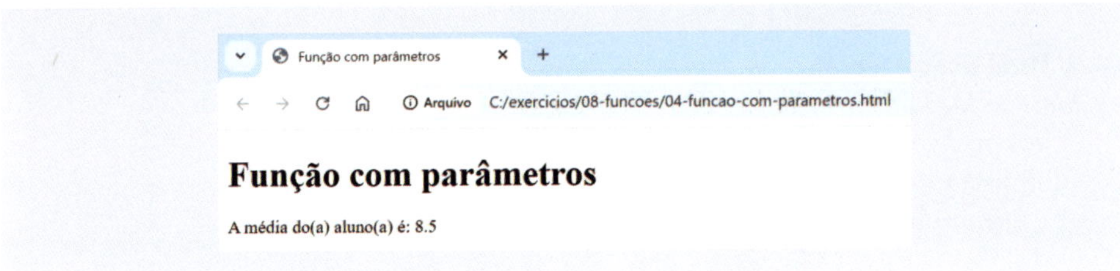

17. Muito bem, mais uma atividade concluída! A próxima atividade será evoluir esse arquivo e deixá-lo mais dinâmico.

Atividade 5 – Declarar uma função com parâmetros (exemplo 4)

1. Abra o arquivo *05-funcao-com-parametros.html* localizado na pasta *08-funcoes*.
2. Confira a seguir:

```
1  <!DOCTYPE html>
2  <html lang="pt-br">
3  <head>
4      <meta charset="utf-8">
5      <meta name="viewport" content="width=device-width, initial-scale=1">
6      <title>Função com parâmetros</title>
7  </head>
8  <body>
9      <h1>Função com parâmetros</h1>
10     <p id="teste">O resultado é: </p>
11
12     <script src="05-funcao-com-parametros.js"></script>
13
14 </body>
15 </html>
```

3. Observe na linha 12 o nome do arquivo externo que você vai criar.
4. Em seu editor de códigos, crie um arquivo novo chamado *05-funcao-com-parametros.js*.
5. Digite o código abaixo:

```
// Declarando a função
function Media(a, b, c, d) {
    var media = (a+b+c+d) / 4;
    if(media >= 7) {
        return 'aprovado(a) com media: ' + media;
    }
    else{
    return 'reprovado(a) com media: ' + media;
    }
}
```

6. Pule uma linha, continue com os códigos abaixo:

```
// Criando as variáveis
var nome = '';
var nota1 = 0, nota2 = 0, nota3 = 0, nota4 = 0;
```

7. Pule uma linha, continue com os códigos abaixo:

```
// Solicitando ao usuário o nome do(a) aluno(a)
nome = prompt('Digite o nome do(a) aluno(a)','');
// Mensagem para o usuário
alert('Informe as 4 notas do(a) aluno(a)');
```

8. Pule uma linha, continue com os códigos abaixo:

```
// Solicitando as notas ao usuário
nota1 = parseFloat(prompt('Digite a primeira nota', ''));
nota2 = parseFloat(prompt('Digite a segunda nota', ''));
nota3 = parseFloat(prompt('Digite a terceira nota', ''));
nota4 = parseFloat(prompt('Digite a quarta nota', ''));
```

9. Pule uma linha, continue com os códigos abaixo:

```
// Mostrando o resultado
document.getElementById('teste').innerHTML += 'O(a) aluno(a) ' + nome + ' está ' +
Media(nota1, nota2, nota3, nota4);
```

10. Salve o arquivo.

11. Confira a seguir:

```
// Declarando a função
function Media(a, b, c, d) {
    var media = (a+b+c+d) / 4;
    if(media >= 7) {
        return 'aprovado(a) com média: ' + media;
    }
    else{
        return 'reprovado(a) com média: ' + media;
    }
}

// Criando as variáveis
var nome = '';
var nota1 = 0, nota2 = 0, nota3 = 0, nota4 = 0;

// Solicitando ao usuário o nome do(a) aluno(a)
nome = prompt('Digite o nome do(a) aluno(a)','');
// Mensagem para o usuário
alert('Informe as 4 notas do(a) aluno(a)');

// Solicitando as notas ao usuário
nota1 = parseFloat(prompt('Digite a primeira nota', ''));
nota2 = parseFloat(prompt('Digite a segunda nota', ''));
nota3 = parseFloat(prompt('Digite a terceira nota', ''));
nota4 = parseFloat(prompt('Digite a quarta nota', ''));

// Mostrando o resultado
document.getElementById('teste').innerHTML += 'O(a) aluno(a) ' +
nome + ' está ' + Media(nota1, nota2, nota3, nota4);
```

12. Para executar, abra a pasta *08-funcoes* e clique duas vezes no arquivo *05-funcao-com-parametros.html*.

13. Confira a figura 8.10:

Figura 8.10. Função com parâmetros – Cálculo da média e nome do aluno – Detalhe do *prompt()*

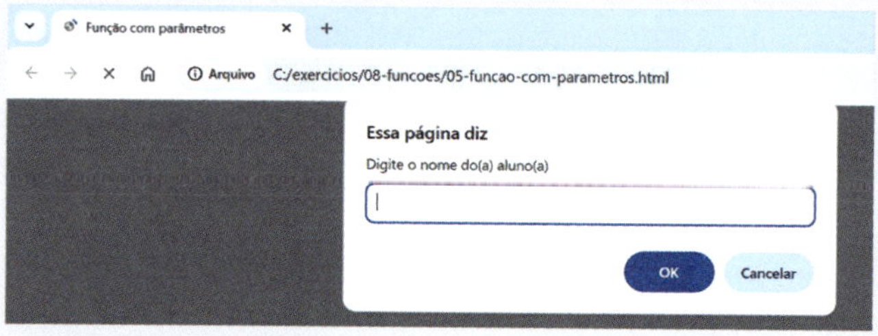

14. Assim que o arquivo for aberto, o sistema solicitará ao usuário que informe o nome do(a) aluno(a).

15. Em seguida, o sistema solicitará ao usuário que informe as 4 notas do(a) aluno(a). Confira a figura 8.11:

Figura 8.11. Função com parâmetros – Cálculo da média e nome do aluno – Detalhe do *alert()*

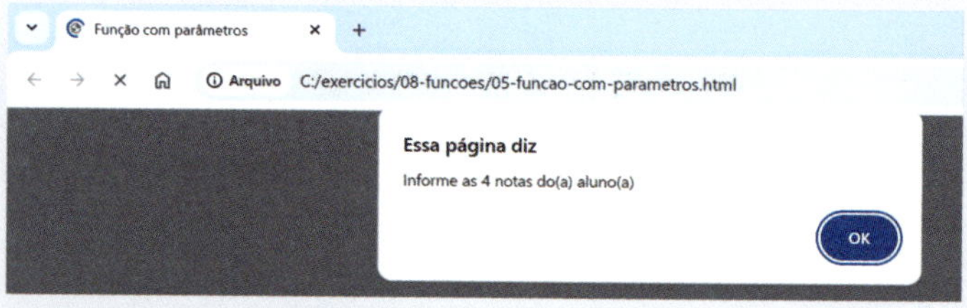

16. No final, o sistema mostrará o nome do(a) aluno(a), o resultado (se está aprovado(a) ou reprovado(a)) e a média. Confira a figura 8.12:

Figura 8.12. Função com parâmetros – Cálculo da média e nome do aluno – Resultado final

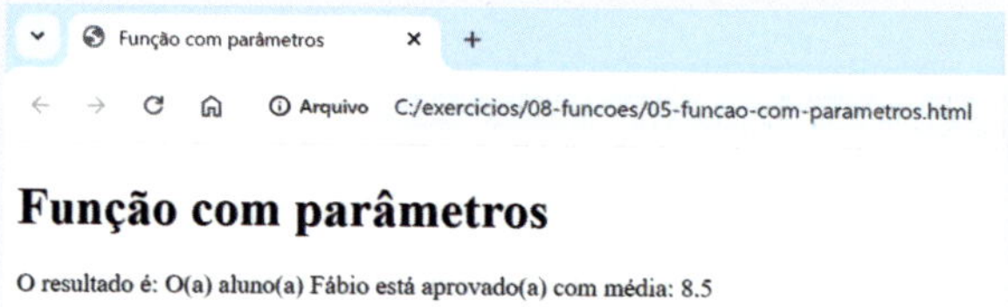

17. Sistema finalizado. Com essas alterações, você aprimorou o sistema da atividade anterior.

Atividade 6 – Declarar uma função com parâmetros (exemplo 5)

1. Abra o arquivo *06-funcao-com-parametros.html* localizado na pasta *08-funcoes*.

2. Nesse arquivo, um formulário já está marcado em HTML. Como o arquivo é grande, atente-se às partes. A primeira parte está conforme a seguir:

```
1  <!DOCTYPE html>
2  <html lang="pt-br">
3  <head>
4      <meta charset="utf-8">
5      <meta name="viewport" content="width=device-width, initial-scale=1">
6      <title>Função com parâmetros</title>
7  </head>
8  <body>
9      <h1>Validação de formulário</h1>
10     <form name="form1" method="post"
11             onsubmit="return VerificaForm(this);">
```

3. Observe que, na linha 10, dentro da tag *<form>*, existe um evento chamado *onsubmit*, que significa que o botão *submit*, no final do formulário, foi clicado, e que nesse evento está sendo invocada a função *VerificaForm(this)*. A palavra *this* se refere ao nome do formulário, no caso, *form1*. Esse é o parâmetro passado para a função.

```
43         <input type="submit" name="enviar" value="Enviar">
44     </form>
45
46     <script src="06-funcao-com-parametros.js"></script>
47 </body>
48 </html>
```

4. Observe que, no final do arquivo, na linha 46, você tem a chamada do arquivo externo, *06-funcao-com-parametros.js*.

5. Em seu editor de códigos, crie um arquivo novo chamado *06-funcao-com-parametros.js*.

6. Digite os códigos abaixo:

```
// Declarando a função
function VerificaForm(frm) {
    if(frm.nome.value == '') {
        alert('Campo obrigatório');
        frm.nome.focus();
        return false;
    }
```

7. Pule uma linha, continue com os códigos seguintes:

```
if(frm.email.value == '') {
    alert('Campo obrigatório');
    frm.email.focus();
    return false;
}
```

8. Pule uma linha, continue com os códigos abaixo:

```
if(frm.fone.value == '') {
    alert('Campo obrigatório');
    frm.fone.focus();
    return false;
}
```

9. Pule uma linha, continue com os códigos abaixo:

```
if(frm.sexo[0].checked ==false &&
    frm.sexo[1].checked ==false) {
    alert('Selecione o sexo');
    return false;
}
```

10. Pule uma linha, continue com os códigos abaixo:

```
if(frm.soft1.checked ==false &&
    frm.soft2.checked ==false &&
    frm.soft3.checked ==false) {
    alert('Selecione pelo menos um software');
    return false;
}
```

11. Pule uma linha, continue com os códigos abaixo:

```
if(frm.navegador.value == 'Selecione') {
    alert('Selecione um navegador');
    frm.navegador.focus();
    return false;
}
```

12. Pule uma linha, continue com os códigos abaixo:

```
if(frm.comentario.value == '') {
    alert('Campo obrigatório');
    frm.comentario.focus();
    return false;
    }
return true;
}
```

13. Salve o arquivo.

14. Confira a seguir:

```
// Declarando a função
function VerificaForm(frm) {
        if(frm.nome.value == '') {
                alert('Campo obrigatório');
                frm.nome.focus();
                return false;
        }

        if(frm.email.value == '') {
                alert('Campo obrigatório');
                frm.email.focus();
                return false;
        }

        if(frm.fone.value == '') {
                alert('Campo obrigatório');
                frm.fone.focus();
                return false;
        }

        if(frm.sexo[0].checked == false &&
            frm.sexo[1].checked == false) {
                alert('Selecione o sexo');
                return false;
        }

        if(frm.soft1.checked == false &&
            frm.soft2.checked == false &&
            frm.soft3.checked == false) {
                alert('Selecione pelo menos um software');
                return false;
        }

        if(frm.navegador.value == 'Selecione') {
                alert('Selecione um navegador');
                frm.navegador.focus();
                return false;
        }

        if(frm.comentario.value == '') {
                alert('Campo obrigatório');
                frm.comentario.focus();
                return false;
        }
        return true;
}
```

15. Para executar, abra a pasta *08-funcoes* e clique duas vezes no arquivo *06-funcao-com--parametros.html*.

16. Confira a figura 8.13:

Figura 8.13. Validação de formulário

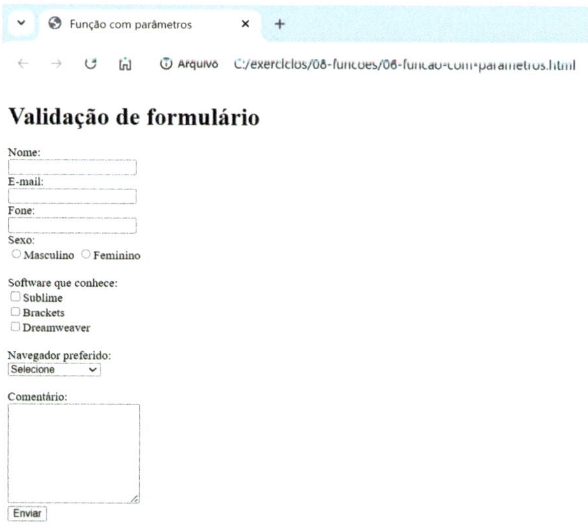

17. Assim que abrir o arquivo, clique no botão *Enviar* sem preencher nenhum campo. Você vai receber um alerta informando que o campo é obrigatório. Confira a figura 8.14:

Figura 8.14. Validação de formulário – Detalhe do *alert()*

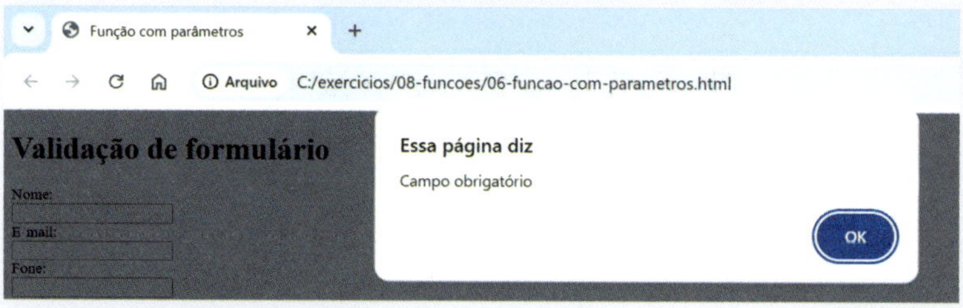

18. Assim que você clicar no botão *OK*, o cursor vai aparecer dentro do campo *nome* e não vai prosseguir enquanto o campo estiver vazio.

19. Essas informações você digitou a partir da linha 3: *if(frm.nome.value == '')*. Esse código diz: "se no *form1*, o campo *nome* for igual a *vazio*..."

20. Na linha 4, há o seguinte código: *alert('Campo obrigatório')*. É a mensagem que aparece quando o campo estiver vazio.

21. Na linha 5, o código *frm.nome.focus()* diz "*form1*, campo *nome* recebe o cursor".

22. Para finalizar o primeiro condicional, na linha 6, você digitou *return false*, que "freia" a função e impede que ela prossiga enquanto o campo nome estiver vazio.

23. Os demais condicionais são semelhantes. No seu formulário, todos os campos são de preenchimento obrigatório.

24. Parabéns, você chegou ao final do capítulo!

Exercícios extras

1. Crie um arquivo chamado *cap08-extra-01.html* na pasta *exercicios-extras*.
    a. Crie a marcação HTML padrão.
    b. Crie o título *Exercício extra 15* usando a tag *h1* em HTML.
    c. Crie um parágrafo com um Id chamado *resultado* sem nenhum texto.
    d. Crie um script que peça para o usuário um número de 1 a 30 e mostre no parágrafo a frase *Programando em JavaScript* quantas vezes tiver sido informado pelo usuário.
    e. Todo o script deve estar em uma função.
    f. Comente o código.
2. Crie um arquivo chamado *cap08-extra-02.html* na pasta *exercicios-extras*.
    a. Crie a marcação HTML padrão.
    b. Crie o título *Exercício extra 16* usando a tag *h1* em HTML.
    c. Crie um parágrafo com um Id chamado *resultado* com o texto '*Cálculo da sua idade:* '.
    d. Crie um script que peça o nome do usuário e depois pergunte se ele é maior ou menor de idade. Se for maior, deverá solicitar a idade do usuário e mostrar essa idade multiplicada por 3. Se for menor de idade, deverá solicitar a idade do usuário e multiplicá-la por 2.
    e. A resposta deve ser algo parecido com: "usuário, seu cálculo é: 20".
    f. Todo o script deve estar em uma função.
    g. Comente o código.

Síntese do aprendizado

Neste capítulo, aprendemos que funções são blocos de código reutilizáveis que executam tarefas específicas. Elas são fundamentais para organizar, simplificar e evitar repetições no seu programa.

As funções nos permitem dividir um problema em partes menores, tornando o código mais limpo, modular e fácil de entender. Elas só são executadas quando são chamadas (invocadas), o que nos dá total controle sobre o momento de sua execução.

Você também viu que funções podem:

- Ser simples, ou seja, sem parâmetros.
- Ser dinâmicas, aceitando parâmetros para trabalhar com diferentes valores.
- Retornar resultados, permitindo que você use esses valores em outras partes do programa.

O uso de funções torna os códigos mais organizados, reutilizáveis e potentes, portanto, ter essa habilidade é essencial para qualquer programador!

9
Objeto

Objetivo

» No dia a dia da programação, os objetos ajudam a organizar melhor o código e a lidar com situações do mundo real, agrupando características e comportamentos em estruturas coesas. Neste capítulo, você vai entender a importância dos objetos para que se possa evoluir na programação, pois eles são a base de muitos recursos mais avançados.

Propriedades e métodos do objeto

Um objeto em JavaScript tem propriedades associadas a ele. As propriedades de um objeto podem ser explicadas como variáveis ligadas ao objeto. Propriedades de objetos são o mesmo que variáveis normais em JavaScript, exceto pelo fato de estarem ligadas a objetos. As propriedades de um objeto definem as suas características.

Imagine que você queira representar uma pessoa dentro do seu programa. Essa pessoa tem nome, idade, profissão e talvez possa realizar algumas ações, como falar ou andar. Em vez de criar variáveis separadas para cada informação, o JavaScript permite agrupar tudo dentro de um único elemento chamado *objeto*.

Um objeto é como uma caixa que guarda informações relacionadas entre si. Essas informações são chamadas de *propriedades*, e as ações que ele pode executar são chamadas de *métodos*.

Por exemplo, pense em um carro:

- **Propriedades:** marca, modelo, ano, cor.
- **Métodos:** ligar(), acelerar(), frear().

Um trecho do código ficaria assim:

```
let carro = {
  marca: "Toyota",
  modelo: "Corolla",
  ano: 2020,
  cor: "prata"
  ligar: function() {
    console.log("O carro está ligado.");
  }
};
```

Com isso, você pode acessar essas informações facilmente:

```
console.log(carro.marca); // Exibe "Toyota"
carro.ligar(); // Executa o método e exibe "O carro está ligado."
```

Atividades

Atividade 1 – Criar um objeto e definir métodos

1. Abra o arquivo *01-objeto.html* localizado na pasta *09-objeto*.
2. Clique na linha 13 para iniciar o código JavaScript. Lembre-se de indentar o código pressionando a tecla *Tab* uma vez para posicionar o cursor.
3. Confira a seguir:

```
1   <!DOCTYPE html>
2   <html lang="pt-br">
3   <head>
4       <meta charset="utf-8">
5       <meta name="viewport" content="width=device-width, initial-scale=1">
6       <title>Objeto em JavaScript</title>
7   </head>
8   <body>
9       <h1>Objeto em JavaScript</h1>
10
11
12      <script>
13
14      </script>
15  </body>
16  </html>
```

4. A ideia é criar um objeto *pessoa*, para o qual você informará dados como nome, endereço, telefone, etc.
5. Nesta atividade, você vai criar o objeto usando a sintaxe de inicializadores de objetos.
6. Digite os códigos abaixo:

```
// Criando o objeto
var pessoa = {
  nome: 'Joaquim',
  sobrenome: 'da Silva',
  idade: 30,
  olhos: 'castanhos',
  peso: 80,
  altura: 1.80,
  fone: '(11) 91234-5678',
  endereco: 'Avenida Paulista',
  numero: 1010,
  bairro: 'Jardim Paulistano',
  cidade: 'São Paulo',
  estado: 'SP',
  cep: '03110-100',
}
```

7. Pule uma linha, continue com os códigos abaixo:

```
// Mostrando os dados de um objeto
document.write(pessoa.nome + '<br>');
document.write(pessoa.idade + '<br>');
```

8. Salve o arquivo.
9. Confira a seguir:

```
<script>
    // Criando o objeto
    var  pessoa = {
        nome: 'Joaquim',
        sobrenome: 'da Silva',
        idade: 30,
        olhos: 'castanhos',
        peso: 80,
        altura: 1.80,
        fone: '(11) 91234-5678',
        endereco: 'Avenida Paulista',
        numero: 1010,
        bairro: 'Jardim Paulistano',
        cidade: 'São Paulo',
        estado: 'SP',
        cep: '03110-100',
    }

    // Mostrando os dados de um objeto
    document.write(pessoa.nome + '<br>');
    document.write(pessoa.idade + '<br>');
</script>
```

10. Para executar, abra a pasta *09-objeto* e clique duas vezes no arquivo *01-objeto.html*.
11. Confira com a figura 9.1:

Figura 9.1. Objeto em JavaScript

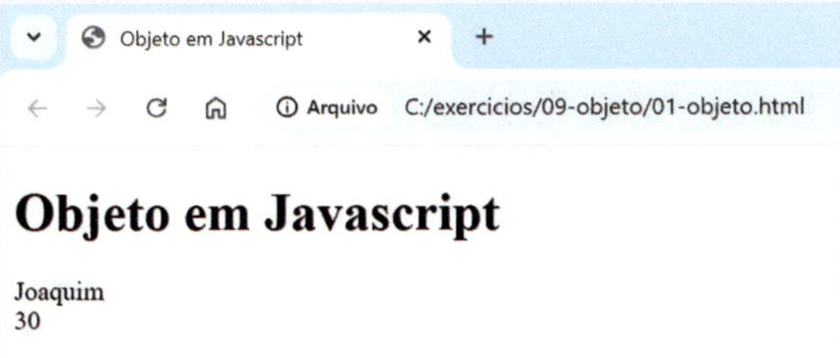

12. Observe os dados impressos na tela. Você digitou, na linha 30, o código: *document.write(pessoa.nome + '<br>');*, em que *pessoa* é o nome do objeto e *nome* é a propriedade do objeto. Nessa propriedade foi atribuído o valor *Joaquim*, conforme código da linha 15.

13. Da mesma forma, a propriedade *idade* do objeto *pessoa* contém o valor *30*.

14. Agora, imagine ter que imprimir mais de uma vez o nome ou o endereço completo do objeto *pessoa*. Você teria um código grande com várias concatenações. Para facilitar tarefas futuras, você fará uma alteração no código.

15. A partir da linha 27, altere o código conforme abaixo:

```
cep: '03110-010',
nomeCompleto: function() {
  return this.nome + ' ' + this.sobrenome;
},
endCompleto: function() {
  return this.endereco + ', ' +
      this.numero + '<br>' +
      this.bairro + '<br>' +
      this.cidade + ' - ' +
      this.estado + '<br>' +
      this.cep;
  }
}
```

16. Substitua as três últimas linhas do código pelas linhas abaixo:

```
// Mostrando os dados de um objeto
document.write(pessoa.nomeCompleto() + '<br>');
document.write(pessoa.endCompleto());
```

17. Salve o arquivo.

18. Confira a seguir:

```
26                  estado: 'SP',
27                  cep: '03110-100',
28                  nomeCompleto: function() {
29                      return this.nome + ' ' + this.sobrenome;
30                  },
31                  endCompleto: function() {
32                      return this.endereco + ', ' +
33                             this.numero + '<br>' +
34                             this.bairro + '<br>' +
35                             this.cidade + ' - ' +
36                             this.estado + '<br>' +
37                             this.cep;
38                  }
39              }
40
41              // Mostrando os dados de um objeto
42              document.write(pessoa.nomeCompleto() + '<br>');
43              document.write(pessoa.endCompleto());
44          </script>
45      </body>
46      </html>
```

19. Observe que, no final da linha 27, você adicionou uma vírgula *(,)* e nas linhas 28 e 31 você criou dois métodos que são como uma função, por isso, a palavra *function* na frente. Esses métodos facilitam muito quando se deseja mostrar várias propriedades concatenadas.

20. Para executar, abra a pasta *09-objeto* e clique duas vezes no arquivo *01-objeto.html.*

21. Confira com a figura 9.2:

Figura 9.2. Objeto em JavaScript – *function()*

22. Observe agora que com apenas uma chamada do método, a impressão fica muito mais fácil.

Exercícios extras

1. Crie um arquivo chamado *cap09-extra-01.html* na pasta *exercicios-extras.*
   a. Crie a marcação HTML padrão.
   b. Crie o título *Exercício extra 17* usando a tag *h1* em HTML.
   c. Crie um parágrafo com um Id chamado *resultado* sem nenhum texto.
   d. Crie uma variável objeto chamada *computador* com as seguintes propriedades: *processador*, *memória*, *ssd*, *motherboard* e *fonte*, com seus respectivos valores.
   e. Crie uma função chamada *pcCompleto()* e concatene as informações com textos em negrito, exemplo:

   Processador: Intel Core i7

   Memória: 16 GB

   SSD: 500 GB

   Placa mãe: Asus TUF GAMING B550M

   Fonte: 600 W

2. Crie um arquivo chamado *cap09-extra-02.html* na pasta *exercicios-extras.*
   a. Crie a marcação HTML padrão.
   b. Altere o exemplo anterior para mostrar as informações em uma lista não ordenada, exemplo:

   - **Processador:** Intel Core i7
   - **Memória:** 16 GB
   - **SSD:** 500 GB
   - **Placa mãe:** Asus TUF GAMING B550M
   - **Fonte:** 600 W

Síntese do aprendizado

Neste capítulo, você conheceu um dos conceitos mais importantes da programação em JavaScript: o objeto. Aprendeu que objetos são estruturas que agrupam dados (propriedades) e comportamentos (métodos) relacionados entre si, permitindo representar elementos do mundo real de maneira mais organizada e funcional.

Você viu que é possível criar objetos com diferentes características, acessar essas informações e até executar ações por meio de métodos. Essa abordagem torna seu código mais legível, reutilizável e eficiente, principalmente em programas mais complexos.

Compreender objetos é essencial para evoluir na programação, pois eles são a base de muitos recursos mais avançados, como arrays de objetos, classes e a programação orientada a objetos.

10

DOM

Objetivo

» Neste capítulo, você vai descobrir como acessar elementos da página, mudar estilos, adicionar ou remover partes do HTML e até controlar o tempo com o código. Tudo isso usando o poder do DOM, que transforma sua página em algo realmente vivo e inteligente.

Entendendo o DOM: a ponte entre o HTML e o JavaScript

Quando você cria uma página HTML, está construindo a estrutura de um site: títulos, parágrafos, imagens, botões e muito mais. Mas o que acontece quando queremos interagir com essa estrutura usando JavaScript? É aí que entra o DOM!

O DOM (Document Object Model) é como um mapa que o navegador cria da sua página. Ele transforma todo o conteúdo HTML em uma estrutura organizada de objetos, como uma grande árvore onde cada elemento (como um botão ou parágrafo) vira um "nó" que pode ser acessado, alterado ou até mesmo removido com código JavaScript.

Com o DOM, podemos dar vida à página: mudar cores, esconder elementos, adicionar novos conteúdos, controlar ações com o tempo e reagir ao que o usuário faz. Exemplos do dia a dia:

- Quando você clica em um botão e aparece uma nova mensagem na tela, o DOM está por trás disso.
- Quando um site muda de cor conforme você passa o mouse em cima de algo, é o DOM sendo manipulado.
- Um cronômetro que conta o tempo enquanto você faz uma tarefa? O JavaScript está controlando o DOM com os métodos *setInterval()* e *clearInterval()*.

Ao apertar um botão com o mouse e soltar (ações como *onmousedown* e *onmouseup*), seu código pode reagir exatamente no momento certo.

Atividades

Atividade 1 – Alterar estilos CSS (exemplo 1)

1. Abra o arquivo *01-dom.html* localizado na pasta *10-DOM*.
2. Observe que este arquivo já contém um estilo básico para um Id chamado *caixa* e na linha 20 há um botão com um evento *onclick* que está invocando uma função chamada *chamaDOM()*.
3. Clique na linha 24 para iniciar o código JavaScript. Lembre-se de indentar o código pressionando a tecla *Tab* uma vez para posicionar o cursor.
4. Confira a seguir:

```
1  <!DOCTYPE html>
2  <html lang="pt-br">
3  <head>
4      <meta charset="utf-8">
5      <meta name="viewport" content="width=device-width, initial-scale=1">
6      <title>Exemplo de DOM</title>
7      <style>
8          #caixa{
9              background-color: ☐#DCDCDC;
10             width: 50%;
11             padding: 5px;
12         }
13     </style>
14 </head>
15 <body>
16     <main id="principal">
17         <h1>Exemplo de DOM</h1>
18         <div id="caixa">Exemplo de DOM</div>
19         <br>
20         <button type="button" onclick="chamaDOM()">Clique</button>
21     </main>
22 
23     <script>
24 
25     </script>
26 </body>
27 </html>
```

5. Digite o código abaixo:

```
// Criando a função
function chamaDOM(){
    // Criando as variáveis
    var tela = '', novaCaixa = '';

    // Obtendo os elementos
    tela = document.getElementById('principal');
    novaCaixa = document.getElementById('caixa');
```

```
    // Criando um novo CSS
    tela.style.fontFamily = 'Arial, sans-serif';
    tela.style.textAlign = 'center';
    tela.style.backgroundColor = '#FFFACD';
    tela.style.padding = '20px';
    tela.style.width = '40%';
    tela.style.margin = '0px auto';
    tela.style.border = '1px solid #CCC';
    tela.style.borderRadius = '20px';

    novaCaixa.style.backgroundColor = '#CD853F1';
    novaCaixa.style.padding = '30px';
    novaCaixa.style.color = '#FFF';
    novaCaixa.style.width = '300px';
    novaCaixa.style.margin = '0px auto';
    novaCaixa.style.textAlign = 'center';
}
```

6. Salve o arquivo.
7. Confira a seguir:

```
<script>
    // Criando a função
    function chamaDOM(){
        // Criando as variáveis
        var tela = '', novaCaixa = '';

        // Obtendo os elementos
        tela = document.getElementById('principal');;
        novaCaixa = document.getElementById('caixa');

        // Criando um novo CSS
        tela.style.fontFamily = 'Arial, sans-serif';
        tela.style.textAlign = 'center';
        tela.style.backgroundColor = '#FFFACD';
        tela.style.padding = '20px';
        tela.style.width = '40%';
        tela.style.margin = '0px auto';
        tela.style.border = '1px solid #CCC';
        tela.style.borderRadius = '20px';

        novaCaixa.style.backgroundColor = '#CD853F';
        novaCaixa.style.padding = '30px';
        novaCaixa.style.color = '#FFF';
        novaCaixa.style.width = '300px';
        novaCaixa.style.margin = '0px auto';
        novaCaixa.style.textAlign = 'center';
    }
</script>
```

8. Observe que o DOM (JavaScript) consegue acessar as propriedades do CSS apenas usando o *.style* na frente da variável mais a propriedade CSS que deseja formatar.

9. Para executar, abra a pasta *10-DOM* e clique duas vezes no arquivo *01-dom.html*.

10. Confira a figura 10.1:

Figura 10.1. Exemplo de DOM – Aplicando estilos

11. Assim que o arquivo é aberto, apenas a *div* com o Id *caixa* tem uma formatação simples com a cor de fundo cinza. Acesse o botão *Clique* para invocar a função *chamaDOM()*.

12. Confira a figura 10.2:

Figura 10.2. Exemplo de DOM – Aplicando estilos – Função *chamaDOM()* executada

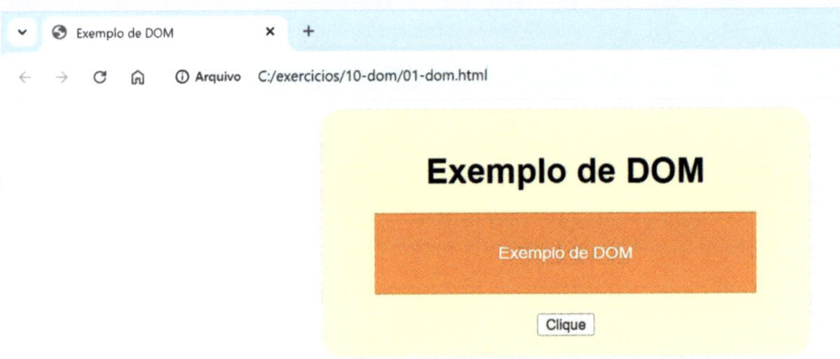

13. Agora você obteve um novo CSS sem a necessidade de recarregar a página; o DOM conseguiu manipular todas as formatações CSS.

Atividade 2 – Alterar estilos CSS (exemplo 2)

1. Abra o arquivo *02-dom.html* localizado na pasta *10-DOM*.
2. Observe que esse arquivo já contém um estilo básico para uma classe chamada *primeira* e na linha 27 há um link invocando uma função chamada *chamaDOM('texto')*. Veja que há um parâmetro chamado *texto*: no parágrafo que está na linha 28, há um Id chamado *texto*, é nele que será aplicada a função.
3. Clique na linha 36 para iniciar o código JavaScript. Lembre-se de indentar o código pressionando a tecla *Tab* uma vez para posicionar o cursor.
4. Confira a seguir:

```
1  <!DOCTYPE html>
2  <html lang="pt-br">
3  <head>
4      <meta charset="utf-8">
5      <meta name="viewport" content="width=device-width, initial-scale=1">
6      <title>Exemplo de DOM</title>
7      <style>
8          .primeira{
9              border: 1px solid #CCC;
10             padding: 10px;
11             background-color: #F5DEB3;
12             color: #333;
13             width: 500px;
14         }
15         .segunda{
16             background-color: #1E90FF;
17             border: 5px solid #F90;
18             font-family: Georgia, serif;
19             font-size: 12px;
20             width: 200px;
21             padding: 50px;
22         }
23     </style>
24 </head>
25 <body>
26     <h1>Exemplo de como alternar classes de CSS</h1>
27     <p><a href="javascript:chamaDOM('texto');">Alterar classe</a></p>
28     <p id="texto" class="primeira">Lorem ipsum dolor sit amet, consectetur adipisicing elit, sed do eiusmod
29     tempor incididunt ut labore et dolore magna aliqua. Ut enim ad minim veniam,
30     quis nostrud exercitation ullamco laboris nisi ut aliquip ex ea commodo
31     consequat. Duis aute irure dolor in reprehenderit in voluptate velit esse
32     cillum dolore eu fugiat nulla pariatur. Excepteur sint occaecat cupidatat non
33     proident, sunt in culpa qui officia deserunt mollit anim id est laborum.</p>
34 
35     <script>
36 
37     </script>
38 </body>
39 </html>
```

5. Ao clicar no link, o parágrafo com o Id chamado *texto* receberá a classe chamada *segunda*. Ao clicar novamente, a classe volta a ser *primeira*.

6. Digite o código abaixo:

```
// Declarando a função
function chamaDOM(id) {
    // Criando a variável
    var elemento = '';
    elemento = document.getElementById(id);
    if(elemento.className == 'primeira') {
      elemento.className = 'segunda';
    }
    else{
      elemento.className = 'primeira';
    }
}
```

7. Salve o arquivo.
8. Confira a seguir:

```
<script>
    // Declarando a função
    function chamaDOM(id) {
        // Criando a variável
        var elemento = '';

        elemento = document.getElementById(id);
        if(elemento.className == 'primeira') {
            elemento.className = 'segunda';
        }
        else{
            elemento.className = 'primeira';
        }
    }
</script>
```

9. Para executar, abra a pasta *10-DOM* e clique duas vezes no arquivo *02-dom.html.*
10. Observe que o arquivo já tem uma formatação de CSS no parágrafo com o Id chamado *texto.*

11. Confira a figura 10.3:

Figura 10.3. Exemplo de DOM – Alternando estilos

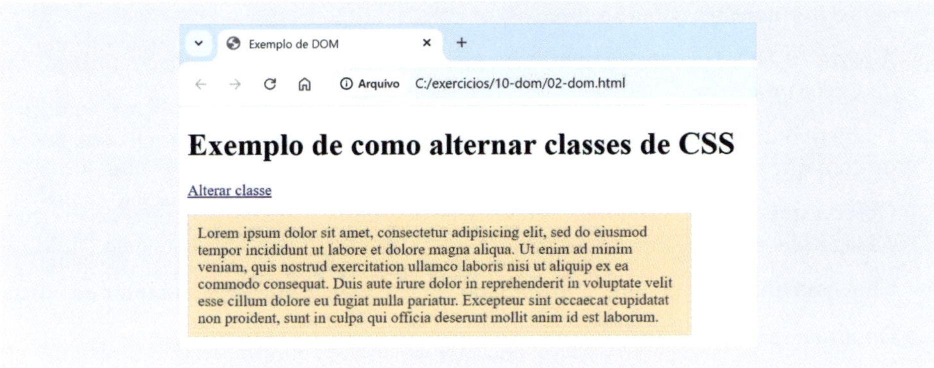

12. Agora clique no link *Alterar classe* e veja o resultado conforme a figura 10.4:

Figura 10.4. Exemplo de DOM – Alternando estilos – Estilo alternado

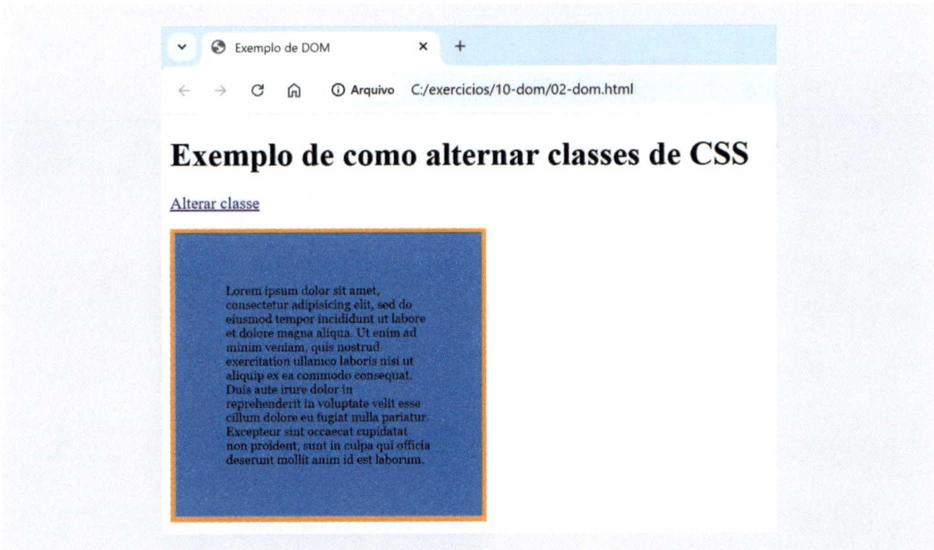

13. Cada vez que o link for clicado, o CSS irá alternar entre as classes *primeira* e *segunda*.

ATIVIDADE 3 – INSERIR ELEMENTOS HTML (EXEMPLO 1)

1. Abra o arquivo *03-dom.html* localizado na pasta *10-DOM*.
2. Observe que esse arquivo tem quatro links que estão invocando quatro funções: *Verde(), Amarelo(), Azul()* e *Branco()*.
3. A pasta *10-DOM* já contém quatro arquivos em CSS chamados *verde.css, amarelo.css, azul.css* e *branco.css*.
4. O objetivo do script será alterar o CSS da página quando um link for clicado, fazendo com que todo o layout da página seja alterado.
5. Observe que dentro da tag *<head>* não existe nenhuma chamada para um CSS externo, e a tag *<link>* não existe nesse arquivo, ela será inserida dinamicamente pelo DOM.
6. Clique na linha 19 para iniciar o código JavaScript. Lembre-se de indentar o código.
7. Confira a seguir:

```
1  <!DOCTYPE html>
2  <html lang="pt-br">
3  <head>
4      <meta charset="utf-8">
5      <meta name="viewport" content="width=device-width, initial-scale=1">
6      <title>Exemplo de DOM</title>
7  </head>
8  <body>
9      <h1>Exemplo de DOM</h1>
10     <p>Escolha a cor da página</p>
11     <ul>
12         <li><a href="javascript:Verde()">Verde</a></li>
13         <li><a href="javascript:Amarelo()">Amarelo</a></li>
14         <li><a href="javascript:Azul()">Azul</a></li>
15         <li><a href="javascript:Branco()">Branco</a></li>
16     </ul>
17
18     <script>
19
20     </script>
21
22 </body>
23 </html>
```

8. Digite o código abaixo:

```
// Declarando a função Verde
function Verde() {
    // Criando a variável
    var meuVerde = '';
    meuVerde = document.createElement('link');
    meuVerde.setAttribute('rel', 'stylesheet');
    meuVerde.setAttribute('type', 'text/css');
    meuVerde.setAttribute('href', 'verde.css');
    document.head.appendChild(meuVerde);
}
```

9. Pule uma linha, continue com os códigos abaixo:

```
// Declarando a função Amarelo
function Amarelo() {
    // Criando a variável
    var meuAmarelo = '';
    meuAmarelo = document.createElement('link');
    meuAmarelo.setAttribute('rel', 'stylesheet');
    meuAmarelo.setAttribute('type', 'text/css');
    meuAmarelo.setAttribute('href', 'amarelo.css');
    document.head.appendChild(meuAmarelo);
}
```

10. Pule uma linha, continue com os códigos abaixo:

```
// Declarando a função Azul
function Azul() {
    // Criando a variável
    var meuAzul = '';
    meuAzul = document.createElement('link');
    meuAzul.setAttribute('rel', 'stylesheet');
    meuAzul.setAttribute('type', 'text/css');
    meuAzul.setAttribute('href', 'azul.css');
    document.head.appendChild(meuAzul);
}
```

11. Pule uma linha, continue com os códigos abaixo:

```
// Declarando a função Azul
function Azul() {
    // Criando a variável
    var meuAzul = '';
    meuAzul = document.createElement('link');
    meuAzul.setAttribute('rel', 'stylesheet');
    meuAzul.setAttribute('type', 'text/css');
    meuAzul.setAttribute('href', 'azul.css');
    document.head.appendChild(meuAzul);
}
```

12. Salve o arquivo.

13. Confira a seguir:

```
18   <script>
19       // Declarando a função Verde
20       function Verde() {
21           // Criando a variável
22           var meuVerde = '';
23           meuVerde = document.createElement('link');
24           meuVerde.setAttribute('rel', 'stylesheet');
25           meuVerde.setAttribute('type', 'text/css');
26           meuVerde.setAttribute('href', 'verde.css');
27           document.head.appendChild(meuVerde);
28       }
29
30       // Declarando a função Amarelo
31       function Amarelo() {
32           // Criando a variável
33           var meuAmarelo = '';
34           meuAmarelo = document.createElement('link');
35           meuAmarelo.setAttribute('rel', 'stylesheet');
36           meuAmarelo.setAttribute('type', 'text/css');
37           meuAmarelo.setAttribute('href', 'amarelo.css');
38           document.head.appendChild(meuAmarelo);
39       }
40
41       // Declarando a função Azul
42       function Azul() {
43           // Criando a variável
44           var meuAzul = '';
45           meuAzul = document.createElement('link');
46           meuAzul.setAttribute('rel', 'stylesheet');
47           meuAzul.setAttribute('type', 'text/css');
48           meuAzul.setAttribute('href', 'azul.css');
49           document.head.appendChild(meuAzul);
50       }
51
52       // Declarando a função Branco
53       function Branco() {
54           // Criando a variável
55           var meuBranco = '';
56           meuBranco = document.createElement('link');
57           meuBranco.setAttribute('rel', 'stylesheet');
58           meuBranco.setAttribute('type', 'text/css');
59           meuBranco.setAttribute('href', 'branco.css');
60           document.head.appendChild(meuBranco);
61       }
62   </script>
```

14. Você declarou quatro funções semelhantes, apenas o nome do arquivo externo e das variáveis foram alterados. Conheça os códigos.

15. Na linha 23, você usou o método *createElement('link')*, que tem a função de criar um elemento HTML. No caso, você criou um elemento *link*.

16. O elemento *link* em HTML possui três propriedades: *rel*, *type* e *href*, e foram essas propriedades que você criou nas linhas 24, 25 e 26, respectivamente, com o comando *setAttribute()*, e já passou os seus valores, *stylesheets*, *text/css* e *arquivo.css*, onde *arquivo.css* é o nome do arquivo que será carregado em cada função.

17. Para executar, abra a pasta *10-DOM* e clique duas vezes no arquivo *03-dom.html*.

18. Confira a figura 10.5:

Figura 10.5. Exemplo de DOM – Alternando arquivos de estilo

19. Assim que o arquivo é aberto, apresenta os quatro links para alterar a cor da página. Clique em cada um deles e veja o resultado conforme a figura 10.6:

Figura 10.6. Exemplo de DOM – Alternando arquivos de estilos – Resultados

Atividade 4 – Inserir elementos HTML (exemplo 2)

1. Abra o arquivo *04-dom.html* localizado na pasta *10-DOM*.
2. Observe que esse arquivo tem uma lista de marcadores com três itens: *Primeiro*, *Segundo* e *Quarto*.
3. O objetivo do script é inserir o item *Terceiro* no local exato.
4. Clique na linha 17 para iniciar o código JavaScript. Lembre-se de indentar o código.
5. Confira a seguir:

```
1  <!DOCTYPE html>
2  <html lang="pt-br">
3  <head>
4      <meta charset="utf-8">
5      <meta name="viewport" content="width=device-width, initial-scale=1">
6      <title>Exemplo de DOM</title>
7  </head>
8  <body>
9      <h1>Inserção de elementos</h1>
10     <ul>
11         <li>Primeiro</li>
12         <li>Segundo</li>
13         <li>Quarto</li>
14     </ul>
15
16     <script>
17
18     </script>
19 </body>
20 </html>
```

6. Para executar, abra a pasta *10-DOM* e clique duas vezes no arquivo *04-dom.html*.
7. O arquivo possui três itens na lista, confira a figura 10.7:

Figura 10.7. Exemplo de DOM – Inserção de elementos

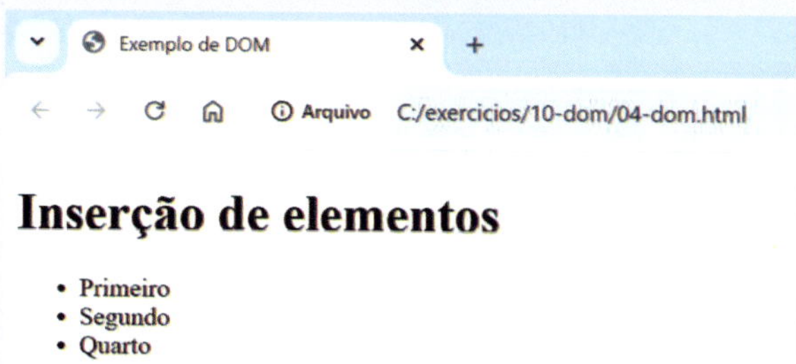

8. Agora você vai criar o elemento *li*, adicionar o texto *Terceiro*, buscar a posição correta em que ele deve aparecer e inserir o novo elemento no local correto.
9. Digite o código seguinte:

```
// Criar o elemento li com o texto Terceiro
var novoLi = document.createElement('li');
var textoLi = document.createTextNode('Terceiro');
novoLi.appendChild(textoLi);
```

10. Pule uma linha, continue com os códigos abaixo:

```
// Buscar a lista na página
var lista = document.getElementsByTagName('ul')[0];
// Recuperando os itens
var itens = document.getElementsByTagName('li');
// Inserindo com insertBefore() – antes
lista.insertBefore(novoLi, itens[2]);
```

11. Salve o arquivo.
12. Confira a seguir:

```
16 <script>
17     // Criar o elemento li com o texto Terceiro
18     var novoLi = document.createElement('li');
19     var textoLi = document.createTextNode('Terceiro');
20     novoLi.appendChild(textoLi);
21 
22     // Buscar a lista na página
23     var lista = document.getElementsByTagName('ul')[0];
24     // Recuperando os itens
25     var itens = document.getElementsByTagName('li');
26     // Inserindo com insertBefore() - antes
27     lista.insertBefore(novoLi, itens[2]);
28 </script>
```

13. Observe na linha 18 que você usou o método *createElement('li')* para criar um elemento *Li* e armazenar na variável *novoLi*. Na sequência, na linha 19, você digitou o método *createTextNode('Terceiro')* para adicionar o texto *Terceiro* na variável *textoLi*.
14. Na linha 20, você adicionou o texto *Terceiro* ao elemento *Li*.
15. Na linha 23, você encontrou a lista dentro da página HTML. No caso, só existe uma lista, mas poderia ter mais de uma, por isso foi adicionado *[0]* no final da linha, que significa que será o primeiro elemento encontrado. Se fosse a segunda lista, o comando ficaria *[1]*, e assim por diante.
16. Na linha 25, você obteve os elementos *Li* dessa lista encontrada.
17. Na linha 27, você finalmente inseriu a variável *novoLi* na posição *[2]* com o método *insertBefore()*.
18. Salve o arquivo.
19. Execute novamente o arquivo *04-dom.html* que se encontra dentro da pasta *10-DOM*.

20. Confira na figura 10.8 a inserção do novo elemento:

Figura 10.8. Exemplo de DOM – Inserção de elementos – Resultado final

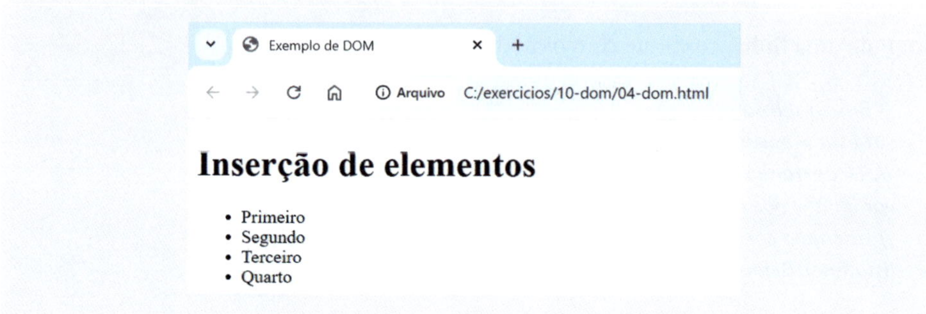

Atividade 5 – Inserir elementos HTML (exemplo 3)

1. Abra o arquivo *05-dom.html* localizado na pasta *10-DOM*.
2. Observe que esse arquivo tem uma lista de marcadores com três itens, sendo eles: *Terceiro*, *Quarto* e *Quinto*.
3. O objetivo do script é inserir os itens *Primeiro* e *Segundo* no local exato e usando função.
4. Clique na linha 17 para iniciar o código JavaScript. Lembre-se de indentar o código.
5. Confira a seguir:

```
1  <!DOCTYPE html>
2  <html lang="pt-br">
3  <head>
4      <meta charset="utf-8">
5      <meta name="viewport" content="width=device-width, initial-scale=1">
6      <title>Exemplo de DOM</title>
7  </head>
8  <body>
9      <h1>Inserção de elementos usando função</h1>
10     <ul>
11         <li>Terceiro</li>
12         <li>Quarto</li>
13         <li>Quinto</li>
14     </ul>
15
16     <script>
17
18     </script>
19 </body>
20 </html>
```

6. Para executar, abra a pasta *10-DOM* e clique duas vezes no arquivo *05-dom.html*.
7. O arquivo possui três itens na lista, confira na figura 10.9:

Figura 10.9. Exemplo de DOM – Inserção de elementos usando função

8. Digite os códigos abaixo:

```
// Declarando a função
function criaElemento(tag, txt) {
    var elemento = document.createElement(tag);
    var texto = document.createTextNode(txt);
    elemento.appendChild(texto);
    return elemento;
}
```

9. Pule uma linha, continue com os códigos abaixo:

```
// Criando os elementos
var li1 = criaElemento('li', 'Primeiro');
var li2 = criaElemento('li', 'Segundo');
```

10. Pule uma linha, continue com os códigos abaixo:

```
// Buscando a lista
var lista = document.getElementsByTagName('ul')[0];
```

11. Pule uma linha, continue com os códigos abaixo:

```
// Buscando os itens da lista
var itens = document.getElementsByTagName('li');
```

12. Pule uma linha, continue com os códigos abaixo:

```
// Inserindo os elementos
lista.insertBefore(li2, itens[0]);
lista.insertBefore(li1, itens[0]);
```

13. Salve o arquivo.

14. Confira a seguir:

```
16      <script>
17          // Declarando a função
18          function criaElemento(tag, txt) {
19              var elemento = document.createElement(tag);
20              var texto = document.createTextNode(txt);
21              elemento.appendChild(texto);
22              return elemento;
23          }
24
25          // Criando os elementos
26          var li1 = criaElemento('li', 'Primeiro');
27          var li2 = criaElemento('li', 'Segundo');
28
29          // Buscando a lista
30          var lista = document.getElementsByTagName('ul')[0];
31
32          // Buscando os itens da lista
33          var itens = document.getElementsByTagName('li');
34
35          // Inserindo os elementos
36          lista.insertBefore(li2, itens[0]);
37          lista.insertBefore(li1, itens[0]);
38      </script>
```

15. Observe que na linha 18 você criou a função *criaElemento(tag, txt)*, que tem dois parâmetros a serem passados. O primeiro parâmetro é o elemento a ser criado – linha 19. O segundo parâmetro é o texto a ser criado – linha 20.

16. Nas linhas 26 e 27 foram criados os dois elementos invocando a função.

17. Na linha 30, a lista foi encontrada na página.

18. Na linha 33, foram encontrados os itens dessa lista.

19. Nas linhas 36 e 37 foram adicionados os novos elementos: primeiro foi adicionado o elemento com o texto *Segundo* e depois o elemento com o texto *Primeiro*, pois você usou *insertBefore()*.

20. Salve o arquivo.

21. Execute novamente o arquivo *05-dom.html* que se encontra dentro da pasta 10-*DOM*.

22. Confira na figura 10.10 a inserção do novo elemento:

Figura 10.10. Exemplo de DOM – Inserção de elementos usando função – Resultado final

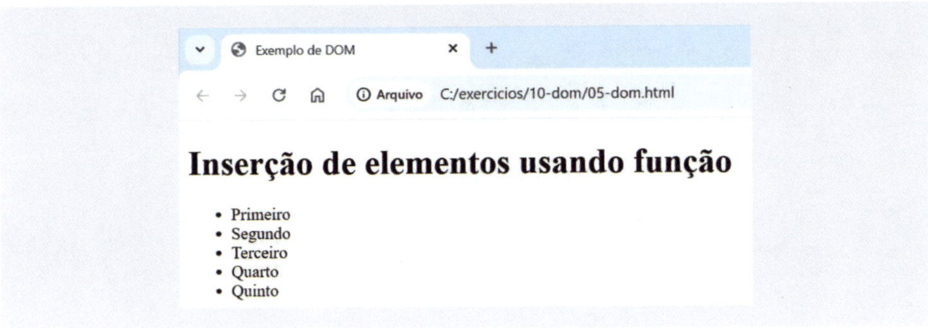

Atividade 6 – Remover elementos HTML

1. Abra o arquivo *06-dom.html* localizado na pasta *10-DOM*.
2. Observe que esse arquivo tem uma lista de marcadores com quatro itens: *Primeiro, Segundo, Item errado* e *Terceiro*.
3. O objetivo do script é remover o *Item errado*.
4. Clique na linha 18 para iniciar o código JavaScript. Lembre-se de indentar o código.
5. Confira a seguir:

```
1  <!DOCTYPE html>
2  <html lang="pt-br">
3  <head>
4      <meta charset="utf-8">
5      <meta name="viewport" content="width=device-width, initial-scale=1">
6      <title>Exemplo de DOM</title>
7  </head>
8  <body>
9      <h1>Removendo elementos</h1>
10     <ul>
11         <li>Primeiro</li>
12         <li>Segundo</li>
13         <li>Item errado</li>
14         <li>Terceiro</li>
15     </ul>
16
17     <script>
18
19     </script>
20 </body>
21 </html>
```

6. Para executar, abra a pasta *10-DOM* e clique duas vezes no arquivo *06-dom.html*.

7. O arquivo possui quatro itens na lista, conforme a figura 10.11:

Figura 10.11. Exemplo de DOM – Removendo elementos

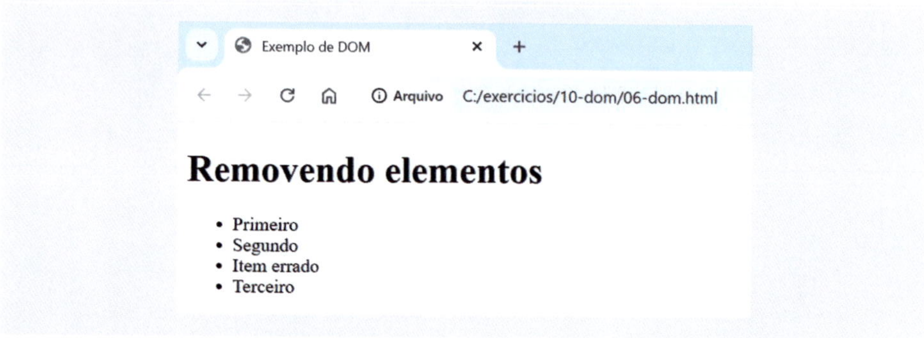

8. Agora você vai remover o *Item errado* da lista.
9. Digite o código abaixo:

```
// Obtendo os elementos
var lista = document.getElementsByTagName('ul')[0];
var itens = lista.getElementsByTagName('li');
```

10. Pule uma linha, continue com os códigos abaixo:

```
// Removendo um elemento específico
lista.removeChild(itens[2]);
```

11. Salve o arquivo.
12. Confira a seguir:

```
17    <script>
18        // Obtendo os elementos
19        var lista = document.getElementsByTagName('ul')[0];
20        var itens = lista.getElementsByTagName('li');
21
22        // Removendo um elemento específico
23        lista.removeChild(itens[2]);
24    </script>
```

13. Para remover é bem simples, o código é de fácil entendimento.
14. Na linha 19, você obteve a lista da página.
15. Na linha 20, você obteve os itens dessa lista.

16. Na linha 23, você usou o método *removeChild()* para remover o terceiro elemento, por isso o *[2]* no final da linha.

17. Para executar, abra a pasta *10-DOM* e clique duas vezes no arquivo *06-dom.html.*

18. Confira a figura 10.12:

Figura 10.12. Exemplo de DOM – Removendo elementos – Resultado final

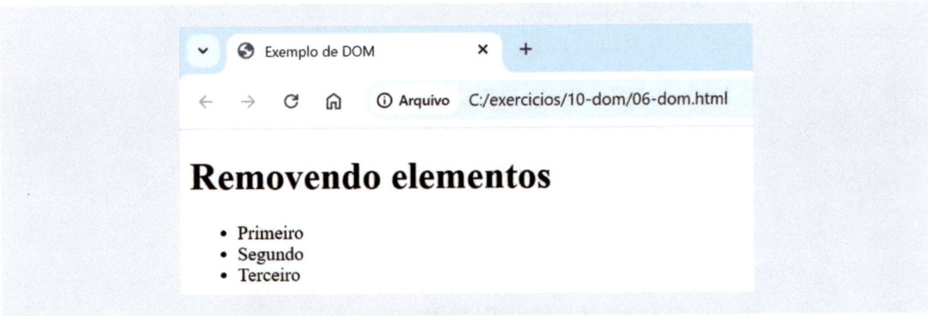

Atividade 7 – Conhecer os métodos *setInterval()* e *clearInterval()*

1. Abra o arquivo *07-dom.html* localizado na pasta *10-DOM.*

2. Observe que esse arquivo tem um botão com o evento *onclick* invocando uma função chamada *Anima.*

3. Nas linhas 11 e 12 existem duas *divs*, uma dentro da outra: a de fora com Id chamado *quadrado* e a de dentro com Id chamado *bola.*

4. O objetivo desse script será animar a bola dentro do quadrado.

5. Clique na linha 34 para iniciar o código JavaScript. Lembre-se de indentar o código.

6. Confira a seguir:

```
<!DOCTYPE html>
<html lang="pt-br">
<head>
    <meta charset="utf-8">
    <meta name="viewport" content="width=device-width, initial-scale=1">
    <title>Exemplo de DOM</title>
    <style>
        #quadrado{
            width: 400px;
            height: 400px;
            position: relative;
            background-color: #F5DEB3;
            border: 1px solid #333;
            border-radius: 30px;
        }
        #bola{
            width: 50px;
            height: 50px;
            border-radius: 50%;
            position: absolute;
            background-color: #A52A2A;
        }
    </style>
</head>
<body>
    <h1>Exemplo de setInterval() e clearInterval()</h1>
    <p><button type="button" onclick="Anima()">Anima</button></p>
    <div id="quadrado">
        <div id="bola"></div>
    </div>


    <script>

    </script>
</body>
</html>
```

7. Digite os códigos abaixo:

```
// Declarando a função
function Anima() {
  var elemento = document.getElementById('bola');
  var posicao = 0;
  var id = setInterval(Local, 5);
  // Declarando a função Local
  function Local(){
    if(posicao == 350) {
      clearInterval(id);
    }
    else{
      posicao++;
      elemento.style.top = posicao + 'px';
      elemento.style.left = posicao + 'px';
    }
  }
}
```

8. Salve o arquivo.

9. Confira a seguir:

```
33  <script>
34      // Declarando a função
35      function Anima() {
36          var elemento = document.getElementById('bola');
37          var posicao = 0;
38          var id = setInterval(Local, 5);
39          // Declarando a função Local
40          function Local(){
41              if(posicao == 350) {
42                  clearInterval(id);
43              }
44              else{
45                  posicao++;
46                  elemento.style.top = posicao + 'px';
47                  elemento.style.left = posicao + 'px';
48              }
49          }
50      }
51  </script>
```

10. Nesse script você utilizou dois métodos: o *setInterval()* e o *clearInterval()*.

11. O *setInterval()* chama uma função em intervalos especificados em milissegundos. Observe que você digitou *setInterval(Local, 5)* na linha 38 e armazenou em uma variável chamada *id*.

12. A função *Anima()* obtém o elemento *bola* e a posição inicial *0* e aciona o *setInterval()*, que por sua vez, chama a função *Local()*.

13. A função *Local()* você criou na linha 40. Ela verifica a posição em que a bola está em relação à div *quadrado*. Caso a posição *top* e *left* da *bola* atinja 350 px da div *quadrado*, o método *clearInterval(id)* é acionado, e automaticamente ele tem a função de limpar o *setInterval()*, ou seja, desativa a animação. Caso contrário, o *top* e *left* da div *bola* não atingiu 350 px, esses valores são incrementados conforme as linhas 46 e 47 do código.

14. Para executar, abra a pasta *10-DOM* e clique duas vezes no arquivo *07-dom.html*.

15. Clique no botão *Anima* para animar a bolinha. No final do quadrado, ela para automaticamente por ter atingido a posição *top* e *left* com 350 px.

16. Confira a figura 10.13:

Figura 10.13. Exemplo de DOM – *setInterval()* e *clearInterval()*

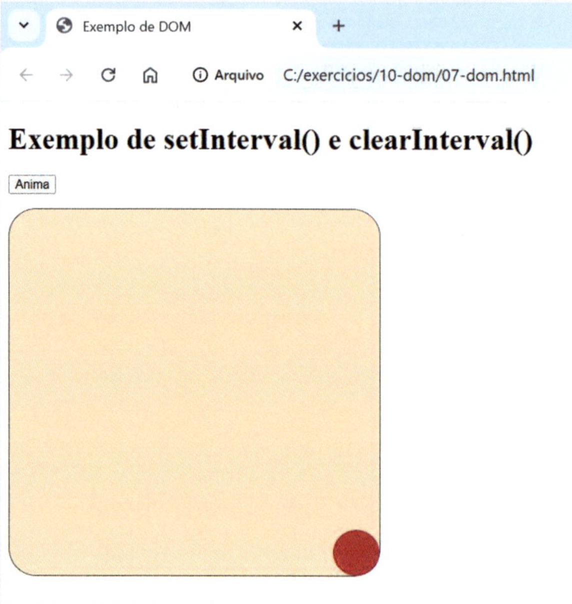

Atividade 8 – Conhecer os eventos *onmousedown* e *onmouseup*

1. Abra o arquivo *08-dom.html* localizado na pasta *10-DOM.*
2. Observe que esse arquivo tem uma imagem com um Id chamado *lampada* e dois eventos chamados *onmousedown* e *onmouseup,* que invocam as funções *Acende()* e *Apaga(),* respectivamente.
3. O evento *onmousedown* é acionado quando o usuário pressiona o botão do mouse.
4. O evento *onmouseup* é acionado quando o usuário solta o botão do mouse.
5. O objetivo desse script será acender a lâmpada quando o usuário pressionar e segurar o botão do mouse e apagá-la quando o usuário soltar o botão do mouse.
6. Clique na linha 16 para iniciar o código JavaScript. Lembre-se de indentar o código.

7. Confira a figura a seguir:

```
<!DOCTYPE html>
<html lang="pt-br">
<head>
    <meta charset="utf-8">
    <meta name="viewport" content="width=device-width, initial-scale=1">
    <title>Exemplo de DOM</title>
</head>
<body>
    <h1>Eventos onmousedown e onmouseup</h1>
    <img src="luz-apagada.gif" alt="Lâmpada"
         title="Lâmpada" id="lampada"
         onmousedown="Acende()" onmouseup="Apaga()">
    <p>Clique na lâmpada e mantenha o mouse pressionado</p>

    <script>

    </script>
</body>
</html>
```

8. Digite o código abaixo:

```
// Declarando a função Acende
function Acende() {
    document.getElementById(‘lampada’).src = ‘luz-acesa.gif’;
}
```

9. Pule uma linha, continue com os códigos abaixo:

```
// Declarando a função Apaga
function Apaga() {
    document.getElementById(‘lampada’).src = ‘luz-apagada.gif’;
}
```

10. Salve o arquivo.
11. Confira a seguir:

```
    <script>
        // Declarando a função Acende
        function Acende() {
            document.getElementById('lampada').src = 'luz-acesa.gif';
        }

        // Declarando a função Apaga
        function Apaga() {
            document.getElementById('lampada').src = 'luz-apagada.gif';
        }
    </script>
```

12. Observe que as funções fazem a mesma coisa, chamam um arquivo de imagem. Esse arquivo é atribuído à propriedade *src* do elemento com Id *lampada*, que é a tag *<img>*.
13. O que difere das funções é o nome da imagem.
14. O evento *onmousedown* invoca a função *Acende()* e o evento *onmouseup* invoca a função *Apaga()*.
15. Para executar, abra a pasta *10-DOM* e clique duas vezes no arquivo *08-dom.html*.
16. Observe que a lâmpada está apagada. Clique na lâmpada e pressione o botão do mouse sem soltá-lo e veja que a lâmpada acende. Confira as figuras 10.14 e 10.15:

Figura 10.14. Exemplo de DOM – *onmousedown()* e *onmouseup()*

Figura 10.15. Exemplo de DOM – *onmousedown()* e *onmouseup()* – Resultado após pressionado o mouse

Exercícios extras

1. Crie um arquivo chamado *cap10-extra-01.html* na pasta *exercicios-extras*.
    a. Crie a marcação HTML padrão.
    b. Crie o título *Exercício extra 19* usando a tag *h1* em HTML.
    c. Insira a imagem *luz-apagada.gif*.
    d. Crie um script usando DOM que, ao clicar na imagem, troque para *luz-acesa.gif*. Clicando novamente, a imagem volta para *luz-apagada.gif*.
    e. Comente o código.
2. Crie um arquivo chamado *cap10-extra-02.html* na pasta *exercicios-extras*.
    a. Crie a marcação HTML padrão.
    b. Crie o título *Exercício extra 20* usando a tag *h1* em HTML.
    c. Crie uma *div* e transforme-a em um pequeno quadrado vermelho com 50 px × 50 px usando um estilo em CSS.
    d. Crie um botão com a tag *button* e o texto *Vai*.
    e. Crie um botão com a tag *button* e o texto *Volta*.
3. Crie um script que faça a *div* deslizar para a direita quando clicar no botão *Vai* e parar em uma posição antes do fim da tela. Ao clicar no botão *Volta*, a *div* volta para a esquerda.
4. Crie funções para esse exercício.
5. Comente o código.

Síntese do aprendizado

Neste capítulo você conheceu o DOM (Document Object Model), uma ferramenta poderosa que permite ao JavaScript interagir diretamente com o conteúdo HTML de uma página. O DOM representa os elementos do documento como uma estrutura em forma de árvore, facilitando o acesso, a modificação e a remoção de itens da página de forma dinâmica.

Você aprendeu como alterar estilos CSS de forma programada, inserir e remover elementos HTML, além de conhecer eventos que respondem às ações do usuário, como *onmousedown* e *onmouseup*. Também explorou os métodos *setInterval()* e *clearInterval()*, que permitem executar ações repetidamente com controle total do tempo.

Com esse conhecimento, agora você é capaz de tornar suas páginas muito mais interativas, dinâmicas e responsivas, criando experiências que reagem em tempo real ao comportamento dos usuários. Você deu mais um passo importante rumo à criação de interfaces modernas com JavaScript!

11

jQuery

Objetivos

Ao longo deste capítulo, você será introduzido aos principais conceitos e funcionalidades do jQuery, entendendo como ele pode facilitar tarefas comuns com muito menos código.

Além disso, você vai:

» compreender o que é o jQuery e sua utilidade na simplificação do JavaScript;

» aprender a importar a biblioteca jQuery de forma correta em um projeto HTML;

» conhecer e aplicar o método *slideToggle()* para efeitos verticais;

» conhecer alternativas para realizar animações horizontais usando *animate()*;

» selecionar elementos HTML com jQuery de forma prática;

» lidar com eventos como *click*, *hover* e *submit* utilizando jQuery;

» criar validações simples de formulário (ex.: campos obrigatórios ou formato de e-mail);

» utilizar efeitos visuais como *fadeIn()* e *fadeOut()* para melhorar a experiência do usuário;

» manipular conteúdo e atributos de elementos HTML dinamicamente.

Conceitos e funcionalidades

Imagine ter que escrever dezenas de linhas de código JavaScript apenas para fazer um botão revelar ou ocultar uma caixa de informações, ou para validar campos de um formulário simples. Antes do jQuery, essa era a realidade dos desenvolvedores. Para facilitar o trabalho de desenvolvimento web nasceu o jQuery, uma biblioteca leve e poderosa que simplifica a manipulação de elementos HTML, eventos, animações e requisições AJAX.

Com o jQuery, você consegue fazer em uma linha o que antes exigia várias. Por exemplo, ocultar um parágrafo ao clicar em um botão, aplicar efeitos de animação ou até validar um campo de e-mail, tudo de forma rápida e compatível com diferentes navegadores.

No dia a dia, usamos esse tipo de interação em praticamente todos os sites modernos quando:

- clicamos em uma aba de conteúdo e outra se esconde;
- um menu de navegação desliza para aparecer;
- um formulário nos avisa instantaneamente que um campo está vazio;
- um botão carrega mais conteúdo sem precisar recarregar a página.

Compreender o que é o jQuery e sua utilidade na simplificação do JavaScript

O jQuery é uma biblioteca JavaScript leve, rápida e rica em recursos, criada com o objetivo de simplificar tarefas comuns no JavaScript, como:

- selecionar elementos HTML;
- manipular o DOM;
- tratar eventos (cliques, teclado, etc.);
- trabalhar com efeitos e animações;
- realizar requisições AJAX;
- aplicar CSS dinamicamente.

A principal vantagem do jQuery é permitir que essas ações sejam feitas com menos código e de forma mais compatível com diferentes navegadores.

Exemplos para comparação:

JavaScript puro

```
<script>
    document.getElementById("meuBotao").addEventListener("click", function () {
        alert("Você clicou no botão!");
    });
</script>
```

Com jQuery

```
<script>
    $("#meuBotao").click(function () {
        alert("Você clicou no botão!");
    });
</script>
```

Importar a biblioteca jQuery de forma correta em um projeto HTML

Antes de usar qualquer recurso do jQuery, você precisa garantir que a biblioteca esteja carregada corretamente na sua página. Isso pode ser feito de duas formas:

1. **Via CDN (recomendado para iniciantes e projetos simples):** você utiliza um link direto de um servidor confiável (como o Google ou jQuery CDN). Confira na linha 13 a chamada via CDN:

```
1  <!DOCTYPE html>
2  <html lang="pt-br">
3  <head>
4      <meta charset="UTF-8">
5      <meta name="viewport" content="width=device-width, initial-scale=1.0">
6      <title>Importando jQuery</title>
7  </head>
8  <body>
9
10
11
12     <!-- Importando jQuery -->
13     <script src="https://code.jquery.com/jquery-3.7.1.min.js"></script>
14
15 </body>
16 </html>
```

Vantagem: rápida e não necessita baixar arquivos.

Observação: atualmente, a versão do jQuery é a 3.7.1.

2. **Fazendo download da biblioteca:** você pode baixar o arquivo *.js* no site oficial https://jquery.com e incluí-lo, confira na linha 13 a chamada:

```
1  <!DOCTYPE html>
2  <html lang="pt-br">
3  <head>
4      <meta charset="UTF-8">
5      <meta name="viewport" content="width=device-width, initial-scale=1.0">
6      <title>Importando jQuery</title>
7  </head>
8  <body>
9
10
11
12     <!-- Importando jQuery -->
13     <script src="js/jquery-3.7.1.min.js"></script>
14
15 </body>
16 </html>
```

Importante: sempre carregue o jQuery antes de qualquer script que o utilize.

Dica: Onde carregar o jQuery? Para garantir o carregamento mais eficiente e funcional da sua página, o ideal é inserir a biblioteca jQuery no final do elemento *<body>*, antes de qualquer outro script que utilize seus recursos.

Confira a seguir:

```
<!DOCTYPE html>
<html lang="pt-br">
<head>
    <meta charset="UTF-8">
    <meta name="viewport" content="width=device-width, initial-scale=1.0">
    <title>Importando jQuery</title>
</head>
<body>
    <button type="button" id="btn">Clique aqui</button>

    <!-- Exemplo de inclusão correta -->
    <script src="https://code.jquery.com/jquery-3.7.1.min.js"></script>
    <script>
        // Código que depende do jQuery
        $("#btn").click(function () {
            alert("Botão clicado!");
        });
    </script>

</body>
</html>
```

Por que inseri-lo no final do elemento <body>?

Isso garante que todo o conteúdo HTML já esteja carregado e disponível para o jQuery manipular. Assim, evita-se erros como tentar acessar elementos que ainda não existem no DOM.

Evite carregar no *<head>* sem *defer* ou *$(document).ready(...)*, pois isso pode causar problemas se os elementos ainda não estiverem disponíveis quando o script for executado.

O atributo *defer* é uma instrução que você pode adicionar à tag *<script>* no HTML para dizer ao navegador: "Baixe este script agora, mas só execute ele depois que todo o HTML da página estiver completamente carregado."

Exemplo:

```
<script src="script.js" defer></script>
```

Para que serve?

Sem o defer, se você inserir um *<script>* dentro do *<head>*, o navegador vai parar o carregamento do HTML para baixar e executar o script, o que pode deixar a página mais lenta ou causar erros quando o script tentar acessar elementos que ainda não existem.

Com o *defer*, o navegador baixa o script em paralelo enquanto carrega o HTML, espera o HTML estar todo pronto e só então executa o script.

Importante:

- Funciona apenas com scripts externos (ou seja, com *src*="...").
- Garante que os scripts sejam executados na ordem em que aparecem no HTML (diferente do *async*, que pode executar fora de ordem).

Comparação rápida:

Atributo	Baixa o script	Executa o script
Nenhum	Imediatamente	Imediatamente (bloqueia o HTML)
defer	Imediatamente	Depois do HTML estar pronto
async	Imediatamente	Assim que terminar o download (sem esperar o HTML)

Atividades

Atividade 1 – Conhecer e aplicar o método *slideToggle()* para efeitos verticais

1. Abra o arquivo *01-jquery.html* localizado na pasta *11-jquery*.
2. Observe que esse arquivo já contém três parágrafos com textos formatados com CSS. O segundo parágrafo está oculto com um estilo CSS na linha 51.
3. Acima de cada parágrafo há um texto em uma div. O objetivo dessa atividade será clicar nesses textos e ocultá-los, e no segundo parágrafo, mostrá-los. Ao clicar novamente, os parágrafos vão alternar entre ocultar e mostrar.
4. Veja também que na linha 75 há uma chamada para o arquivo externo jQuery, que será utilizado via CDN.
5. Clique na linha 78 para iniciar o código JavaScript. Lembre-se de indentar o código.
6. Confira a seguir:

```
62              <div class="btn">Clique para ocultar</div>
63              <p class="caixa">
64                  Lorem ipsum dolor sit amet, consectetur adipisicing elit, sed do eiusmod
65                  tempor incididunt ut labore et dolore magna aliqua. Ut enim ad minim veniam,
66                  quis nostrud exercitation ullamco laboris nisi ut aliquip ex ea commodo
67                  consequat. Duis aute irure dolor in reprehenderit in voluptate velit esse
68                  cillum dolore eu fugiat nulla pariatur. Excepteur sint occaecat cupidatat non
69                  proident, sunt in culpa qui officia deserunt mollit anim id est laborum.
70              </p>
71          </article>
72      </section>
73  </main>
74
75  <script src="https://code.jquery.com/jquery-3.7.1.min.js" integrity="sha256-/JqT3SQfawRcv/
    BIHPThkBvs0OEvtFFmqPF/1YI/Cxo=" crossorigin="anonymous"></script>
76
77  <script>
78
79  </script>
80  </body>
81  </html>
```

7. Digite os códigos abaixo:

```
$(function() {
  $('section article .btn').click(function() {
    // siblingds – para todos os irmãos de p.caixa
    $(this).siblings('p.caixa').slideToggle();
    if($(this).text() == 'Clique para mostrar'){
      $(this).text('Clique para ocultar');
    }else{
      $(this).text('Clique para mostrar');
    }
  });
});
```

8. Salve o arquivo.

9. Confira a seguir:

```
77      <script>
78          $(function() {
79              $('section article .btn').click(function() {
80                  // siblingds - para todos os irmãos de p.caixa
81                  $(this).siblings('p.caixa').slideToggle();
82                  if($(this).text() == 'Clique para mostrar'){
83                      $(this).text('Clique para ocultar');
84                  }else{
85                      $(this).text('Clique para mostrar');
86                  }
87              });
88          });
89      </script>
```

10. Observe que você explicou para o jQuery, na linha 79, que ao clicar na classe *btn*, todos os "irmãos" de *p.caixa* (linha 81) receberão o método *slideToggle()*.

11. Para alterar o texto assim que clicar, você criou um condicional na linha 82, caso o texto seja *Clique para mostrar*, passa a ser *Clique para ocultar*, ou o contrário.

12. Para executar, abra a pasta *11-jquery* e clique duas vezes no arquivo *01-jquery.html*.

13. Confira com a figura 11.1:

Figura 11.1. Exemplo de jQuery – *slideToggle()*

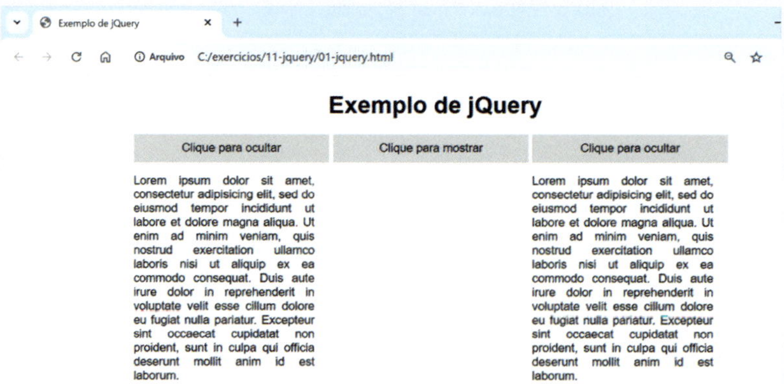

14. Agora, clique nos botões acima dos parágrafos e compare com a figura 11.2 a seguir:

Figura 11.2. Exemplo de jQuery – *slideToggle()* aplicado

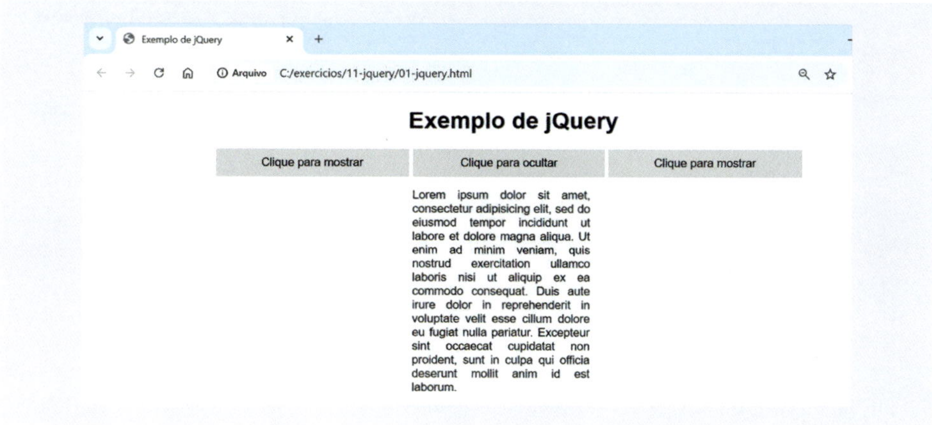

15. Observe que, além dos parágrafos ficarem ocultos, os textos dos botões também foram alterados.

Atividade 2 – Conhecer uma alternativa para o *slideToggle()* na horizontal

1. Abra o arquivo *02-jquery.html* localizado na pasta *11-jquery*.
2. Observe que esse arquivo já contém quatro parágrafos: dois aparecem na página e dois estão ocultos com CSS.
3. O objetivo desse script é revelar o parágrafo escondido quando clicar em seu respectivo link. Porém, esse revelar será na horizontal, uma alternativa para o *slideToggle()* usando o método *animate()*.
4. Clique na linha 30 para iniciar o código JavaScript. Lembre-se de indentar o código.
5. Confira a seguir:

```
        </style>
    </head>
    <body>
        <h1>Exemplo de jquery</h1>
        <p>O que é <a href="#" id="link1">jQuery</a></p>
        <p id="texto1" class="texto">jQuery é uma biblioteca de funções Javascript que interage com o HTML, 
        desenvolvida para simplificar os scripts interpretados no navegador do cliente. Usada por cerca de 74.4% 
        dos 10 mil sites mais visitados do mundo, jQuery é a mais popular das bibliotecas Javascript.</p>

        <p>O que é <a href="#" id="link2">HTML</a></p>
        <p id="texto2" class="texto">HTML abreviação para a expressão inglesa HyperText Markup Language, que 
        significa: "Linguagem de Marcação de Hipertexto" é uma linguagem de marcação utilizada na construção de 
        páginas na Web. Documentos HTML podem ser interpretados por navegadores.</p>


        <script src="https://code.jquery.com/jquery-3.7.1.min.js" integrity="sha256-/JqT3SQfawRcv/
        BIHPThkBvs0OEvtFFmqPF/1YI/Cxo=" crossorigin="anonymous"></script>
        <script>

        </script>

    </body>
</html>
```

6. Digite o código abaixo:

```
$(document).ready(function(){
  $('#link1').click(function(){
    $('#texto1').animate({width: 'toggle'});
  });
```

7. Pule uma linha, continue com os códigos abaixo:

```
$('#link2').click(function(){
    $('#texto2').animate({width: 'toggle'});
  });
});
```

8. Salve o arquivo.
9. Confira a seguir:

```
        <script src="https://code.jquery.com/jquery-3.7.1.min.js" integrity="sha256-/JqT3SQfawRcv/
        BIHPThkBvs0OEvtFFmqPF/1YI/Cxo=" crossorigin="anonymous"></script>
        <script>
            $(document).ready(function(){
                $('#link1').click(function(){
                    $('#texto1').animate({width: 'toggle'});
                });

                $('#link2').click(function(){
                    $('#texto2').animate({width: 'toggle'});
                });
            });
        </script>
```

10. Na linha 30, você disse para o jQuery funcionar quando o documento estiver pronto.

11. Na linha 31, ao clicar no link com Id *link1*, o texto com o Id *texto1* terá uma animação na largura. Você aplicou o valor '*toggle*', ou seja, em um primeiro momento, o texto estará oculto, e assim que clicar, abrirá. Ao clicar novamente, o texto se fechará, voltando a ficar oculto.

12. Na linha 35, o script é igual para o segundo link.

13. Para executar, abra a pasta *11-jquery* e clique duas vezes no arquivo *02-jquery.html*.

14. Confira a figura 11.3:

Figura 11.3. Exemplo de jQuery – *slideToggle()* na horizontal

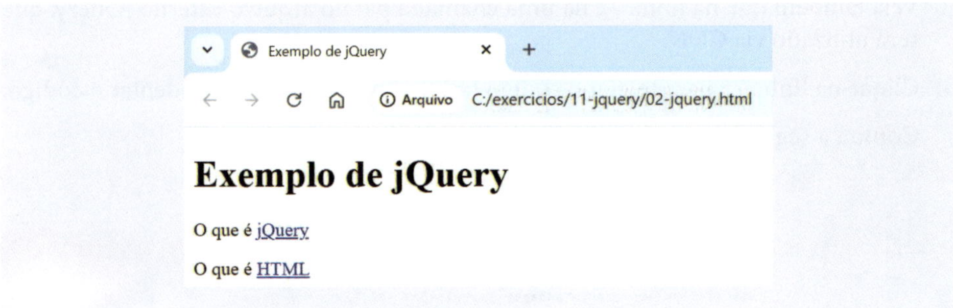

15. Assim que o arquivo for aberto, você verá apenas os parágrafos com os links. Ao clicar em cada link, os parágrafos que estão ocultos aparecerão.

16. Clique nos links e confira a figura 11.4:

Figura 11.4. Exemplo de jQuery – *slideToggle()* na horizontal aplicado

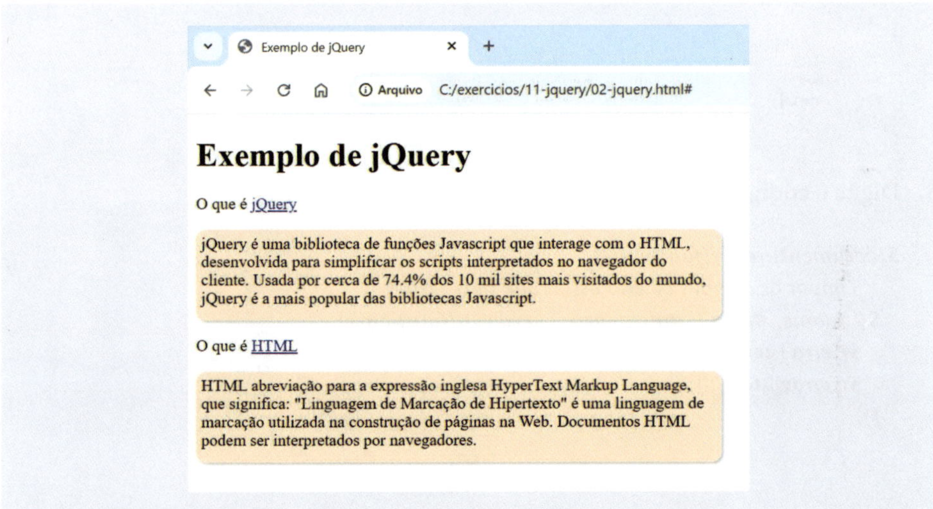

17. Com esse script, você tem uma alternativa ao método *slideToggle()*. O efeito aparece na horizontal por ter aplicado o método *animate()* na propriedade *width* do elemento HTML.

Atividade 3 – Fazer uma validação de formulário

1. Abra o arquivo *03-jquery.html* localizado na pasta *11-jquery*.
2. Observe que esse arquivo já contém um formulário formatado com CSS.
3. Abaixo de cada campo existe uma tag *<span>* com uma classe chamada *erro* e a última chamada *erro2*. Será nesse local que a mensagem de erro irá aparecer.
4. O objetivo desse script é não permitir nenhum campo em branco.
5. Veja também que na linha 72 há uma chamada para o arquivo externo jQuery, que será utilizado via CDN.
6. Clique na linha 75 para iniciar o código JavaScript. Lembre-se de indentar o código.
7. Confira a seguir:

```
58              <label for="email">E-mail</label><br>
59              <input type="email" name="email" id="email"><br>
60              <span class="erro" id="erroEmail"></span><br>
61
62              <label for="mensagem">Mensagem</label><br>
63              <textarea name="mensagem" id="mensagem" rows="8"></textarea>
64              <br>
65              <span class="erro2" id="erroMensagem"></span><br>
66
67              <input type="button" name="salvar" id="salvar" value="Salvar">
68          </form>
69      </div>
70
71
72      <script src="https://code.jquery.com/jquery-3.7.1.min.js" integrity="sha256-/JqT3SQfawRcv/
        BIHPThkBvs0OEvtFFmqPF/1YI/Cxo=" crossorigin="anonymous"></script>
73
74      <script>
75
76      </script>
77
78  </body>
79  </html>
```

8. Digite o código abaixo:

```
$(document).ready(function(){
  // Limpar os campos de erro assim que tiver texto
  $('#nome, #email, #mensagem').keydown(function(){
    $('.erro').text('');
    $('.erro2').text('');
  });
```

9. Pule uma linha, continue com os códigos abaixo:

```
// Ao clicar no botão salvar obtém-se os campos
  $('#salvar').click(function(){
    var nome = $('#nome');
    var email = $('#email');
    var mensagem = $('#mensagem');
```

10. Pule uma linha, continue com os códigos abaixo:

```
// Verifica se os três campos estão vazios
    if(!nome.val() && !email.val() && !mensagem.val()){
      $('#erroNome').text('Campo obrigatório!');
      nome.focus();
    }
    else if(!nome.val()){
      // Verifica se o campo nome está vazio
      $('#erroNome').text('Campo obrigatório!');
      nome.focus();
    }else if(!email.val()){
      // Verifica se o campo email está vazio
      $('#erroEmail').text('Campo obrigatório!');
      email.focus();
    } else if(!mensagem.val()){
      // Verifica se o campo mensagem está vazio
      $('#erroMensagem').text('Campo obrigatório!');
      mensagem.focus();
    }else{
      // Valida os campos
      $('#nome').after('', null);
      $('#email').after('', null);
      $('#mensagem').after('', null);
      $('#form1').submit();
    }
  });
});
```

11. Salve o arquivo.

12. Confira a seguir:

```
74      <script>
75          $(document).ready(function(){
76              // Limpar os campos de erro assim que tiver texto
77              $('#nome, #email, #mensagem').keydown(function(){
78                  $('.erro').text('');
79                  $('.erro2').text('');
80              });
81
82              // Ao clicar no botão salvar obtém-se os campos
83              $('#salvar').click(function(){
84                  var nome = $('#nome');
85                  var email = $('#email');
86                  var mensagem = $('#mensagem');
87
88                  // Verifica se os três campos estão vazios
89                  if(!nome.val() && !email.val() && !mensagem.val()){
90                      $('#erroNome').text('Campo obrigatório!');
91                      nome.focus();
92                  }
93                  else if(!nome.val()){
94                      // Verifica se o campo nome está vazio
95                      $('#erroNome').text('Campo obrigatório!');
96                      nome.focus();
97                  }else if(!email.val()){
98                      // Verifica se o campo email está vazio
99                      $('#erroEmail').text('Campo obrigatório!');
100                     email.focus();
101                 } else if(!mensagem.val()){
102                     // Verifica se o campo mensagem está vazio
103                     $('#erroMensagem').text('Campo obrigatório!');
104                     mensagem.focus();
105                 }else{
106                     // Valida os campos
107                     $('#nome').after('', null);
108                     $('#email').after('', null);
109                     $('#mensagem').after('', null);
110                     $('#form1').submit();
111                 }
112             });
113         });
114     </script>
115
116 </body>
117 </html>
```

13. Na linha 75, o jQuery verifica se o documento está pronto, ou seja, se todo o documento está carregado.

14. Na linha 77, você obteve os três campos do formulário através de seus Ids e explicou que quando uma tecla for pressionada (*keydown*), significa que algo foi digitado nos campos, então as mensagens de erro serão apagadas.

15. A partir da linha 83, você fez o código para quando clicar no botão *Salvar*. Em um primeiro momento, nas linhas 84, 85 e 86, armazenou cada campo em uma variável para facilitar o código.

16. Na linha 89, você verificou se os três campos estão vazios. Se estiverem, a mensagem de erro do primeiro campo aparece e o cursor é posicionado no campo *nome*.

17. Na linha 93, você verificou se somente o campo *nome* está em branco.

18. Na linha 97, você verificou se somente o campo *e-mail* está em branco.

19. Na linha 101, você verificou se somente o campo *mensagem* está em branco.

20. Na linha 105, caso nenhum campo esteja vazio, você fez a validação de todos.

21. Na linha 110, o formulário será submetido a sua ação.

22. Para executar, abra a pasta *11-jquery* e clique duas vezes no arquivo *03-jquery.html*.

23. Confira na figura 11.5:

Figura 11.5. Exemplo de jQuery – Validação de formulário

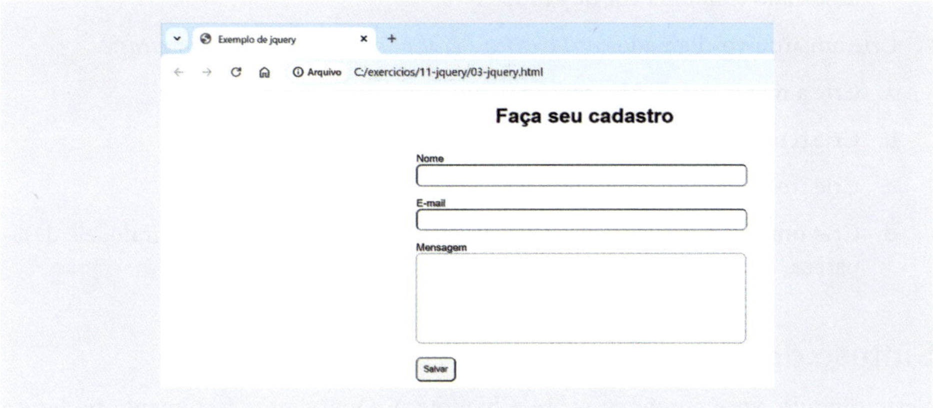

24. Assim que o arquivo for aberto, clique no botão *Salvar* sem preencher nenhum campo.

25. Observe que a mensagem de erro aparece no campo *Nome*.

26. Confira na figura 11.6 a seguir:

Figura 11.6. Exemplo de jQuery – Validação de formulário – Detalhe do aviso

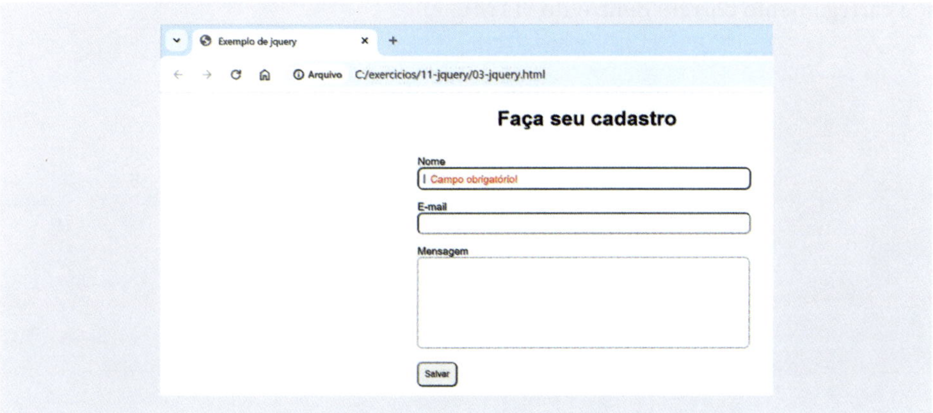

27. A mesma mensagem aparecerá em cada campo que estiver vazio.

Exercícios extras

1. Crie um arquivo chamado *cap11-extra-01.html* na pasta *exercicios-extras*.
   a. Crie a marcação HTML padrão.
   b. Crie o título *Exercício extra 21* usando a tag *h1* em HTML.
   c. Crie três parágrafos com um texto aleatório.
   d. Crie um script em jQuery de forma que ao clicar em cada parágrafo, ele fique destacado com uma cor de fundo.
2. Crie um arquivo chamado *cap11-extra-02.html* na pasta *exercicios-extras*.
   a. Crie a marcação HTML padrão.
   b. Crie o título *Exercício extra 22* usando a tag *h1* em HTML.
   c. Crie três parágrafos com um texto aleatório.
   d. Crie um script em jQuery de forma que, ao clicar em cada parágrafo, ele desapareça.

Síntese do aprendizado

Neste capítulo, você aprendeu sobre a biblioteca jQuery, uma ferramenta poderosa que simplifica a manipulação do HTML, eventos, estilos e efeitos visuais em páginas web. Conheceu formas de importar o jQuery corretamente no projeto e entendeu como sua aplicação pode tornar o código JavaScript mais limpo, reduzido e fácil de manter.

Explorou métodos como *slideToggle()* para criar efeitos animados, alternativas para simular animações horizontais, e viu como validar formulários de forma mais intuitiva. Além disso, compreendeu boas práticas para o uso do jQuery e a importância de seu carregamento correto dentro do HTML.

12

Atividades para o projeto

Objetivo

» Ao trabalhar no site de uma empresa que chamaremos de PetShop, vamos construir funcionalidades para deixá-lo mais interativo e atraente. Para isso, usaremos muito o JavaScript, seja para fazer a animação de um banner, um efeito lightbox, abrir uma janela modal ou mesmo uma validação de formulário.

Atividades

Atividade 1 – Criar um banner rotativo

1. Abra o arquivo *banner.html* localizado na pasta *12-atividades-projeto*.
2. Observe que esse arquivo já possui uma div externa com um Id e uma classe chamada *banner*. Dentro dessa div externa há outras duas divs uma com Id *banner_img* e outra com Id *botões*.
3. A primeira div será onde as imagens vão aparecer, e a segunda div recebe os botões de navegação das imagens.
4. Esses botões são criados com o uso de links e já possuem uma chamada para um *javascript:void(0);* eles têm seus respectivos Ids. O primeiro link tem também uma classe chamada *ativo* que recebe uma formatação em CSS e dinamicamente será alternada entre os demais links pelo JavaScript.
5. Todos os links têm o evento *onclick* em JavaScript, que tem a função de invocar a função *trocaBanner()*.
6. Por fim, na linha 21, a chamada para o arquivo externo *banner.js*, que você vai criar em seu editor de códigos.
7. Em seu editor de códigos, crie um arquivo novo e salve como *banner.js* no seguinte caminho: *12-atividades-projeto/js*.
8. Digite o código abaixo:

```
//Javascript para o banner rotativo
var img = new Array('1', '2', '3');
var indice = 0;
setInterval('trocaBanner()', 3000);
function trocaBanner(i){
  if(i == 0 || i == 1 || i == 2){
    indice = i;
  } else {
    if (indice == img.length - 1){
      indice = 0;
    } else {
      indice++;
    }
  }
  document.getElementById('banner_img_1').setAttribute('class', '');
  document.getElementById('banner_img_2').setAttribute('class', '');
  document.getElementById('banner_img_3').setAttribute('class', '');
  document.getElementById('banner_img_' + img[indice]).setAttribute('class', 'ativo');
  document.getElementById('banner_img').innerHTML = '<img src="img/foto' + img[indice]
+ '.jpg" alt="Banner" title="Banner">';
}
```

9. Salve o arquivo.
10. Confira a seguir:

```
1  // Javascript para banner rotativo
2  var img = new Array('1','2','3');
3  var indice = 0;
4  setInterval("trocaBanner()", 3000);
5  function trocaBanner(i) {
6      if (i == 0 || i == 1 || i == 2) {
7          indice = i;
8      } else {
9          if (indice == img.length - 1) {
10             indice = 0;
11         } else {
12             indice++;
13         }
14     }
15     document.getElementById("banner_img_1").setAttribute("class", "");
16     document.getElementById("banner_img_2").setAttribute("class", "");
17     document.getElementById("banner_img_3").setAttribute("class", "");
18     document.getElementById("banner_img_" + img[indice]).setAttribute("class", "ativo");
19     document.getElementById("banner_img").innerHTML = "<img src='img/foto"+ img[indice] +".jpg' alt='Banner'
       title='Banner'>";
20 }
```

11. Veja que o script é pequeno e bem simples: na linha 2, você criou um vetor para armazenar os números para concatenar com o final dos Ids de cada link.
12. Na linha 3, você criou uma variável chamada *indice* para controlar a posição do vetor.
13. Na linha 4, você ativou o *setInterval()* para invocar a função *trocaBanner()* a cada 3 segundos.
14. Na linha 5, você criou a função *trocaBanner()*, que recebe um parâmetro (*i*).
15. Esse parâmetro é passado no arquivo *banner.html* no evento *onclick* de cada link.
16. Na linha 6, você criou um condicional que verifica se o parâmetro *i* recebe o valor do vetor. Se for de *0* a *2* a variável índice recebe o valor de *i*, caso contrário, ele passa pelo segundo condicional para verificar se o parâmetro está no final do vetor. Se estiver, a variável *indice* recebe *(0)*, voltando para o início; caso contrário, a variável *indice* será incrementada.
17. Nas linhas 15, 16 e 17, os três links recebem um vazio para a classe, e na linha 18, quem recebe a classe será a posição da variável *indice*, ou seja, todos perdem a classe para depois o valor *banner* atual recebê-la, e assim, a cada 3 segundos acontece novamente.
18. Por fim, na linha 19, o elemento com Id *banner_img* recebe a nova imagem com o valor de *indice* concatenado.
19. Para executar, abra a pasta *12-atividades-projeto* e clique duas vezes no arquivo *banner.html*.

20. Confira a figura 12.1 (o arquivo é dinâmico, observe a cada 3 segundos a mudança das imagens).

Figura 12.1. Exemplo de banner rotativo

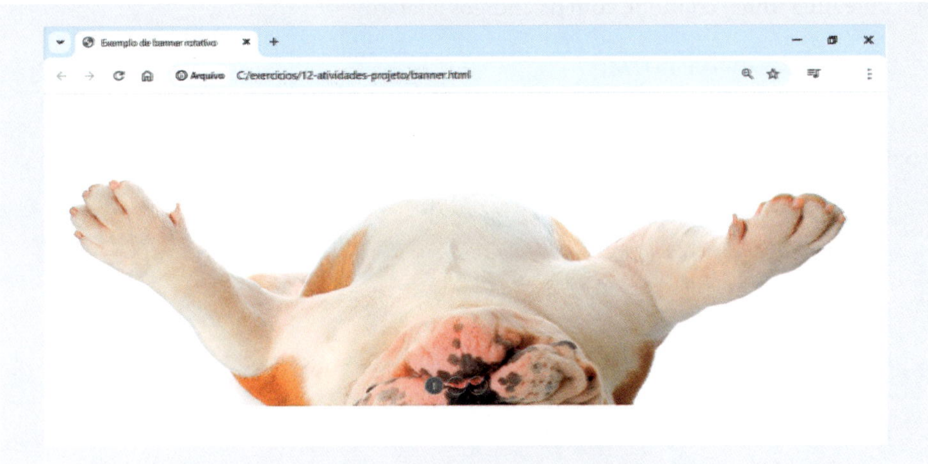

21. Você pode alternar as imagens clicando nos botões de navegação.

22. Lembre-se: o arquivo *banner.css,* que se encontra na pasta *12-atividades-projeto/css,* complementa esse arquivo com as devidas formatações.

Atividade 2 – Criar uma galeria de imagens com efeito lightbox

1. Abra o arquivo *lightbox.html* localizado na pasta *12-atividades-projeto.*
2. Observe que esse arquivo possui a tag *<main>*, e dentro dela, uma div que receberá três outras divs com imagens de cachorros.
3. Logo abaixo, na linha 26, uma div vazia, apenas com uma classe chamada *limpa* que tem por finalidade limpar a flutuação das imagens com CSS.
4. A partir da linha 30, o mesmo processo com as imagens dos gatos.
5. Na linha 44 há uma div com um Id chamado *Lightbox* e uma classe chamada *modal,* que tem dois conjuntos de outras divs, divididos para cachorros e gatos e, logo abaixo, nas linhas 69 e 70, dois links para fazer a navegação das imagens quando o efeito *lightbox* for aberto.
6. Por fim, na linha 76, a chamada para o arquivo externo *lightbox.js*, que você vai criar em seu editor de códigos.
7. Em seu editor de códigos, crie um arquivo novo e salve como *lightbox.js* no seguinte caminho: *12-atividades-projeto/js.*

8. Digite o código abaixo:

```
// Definindo a posição inicial
var slideIndex = 1;
```

9. Pule uma linha, continue com os códigos abaixo:

```
// Obtendo o elemento HTML
modal = document.getElementById('Lightbox');
```

10. Pule uma linha, continue com os códigos abaixo:

```
// Caso queira fechar o modal com a tecla ESC
document.querySelector('body').addEventListener('keydown', function(event){
  var tecla = event.key;
  // Tecla ESC = 'Escape'
  if(tecla =='Escape'){
    fechaLightbox();
  }
});
```

11. Pule uma linha, continue com os códigos abaixo:

```
// Caso queira fechar o modal clicando nele
modal.addEventListener('click', function(e){
  if(e.target == this) fechaLightbox();
});
```

12. Pule uma linha, continue com os códigos abaixo:

```
// Função para abrir o modal
function abreLightbox(){
  modal.style.display = 'block';
};
```

13. Pule uma linha, continue com os códigos abaixo:

```
// Função para fechar o modal
function fechaLightbox(){
  modal.style.display = 'none';
};
```

14. Pule uma linha, continue com os códigos abaixo:

```
// Função para navegar entre os slides
function trocaSlide(n){
  mostraSlide(slideIndex += n);
};
```

15. Pule uma linha, continue com os códigos abaixo:

```
// Função para abrir um slide específico
function vaParaSlide(n){
  mostraSlide(slideIndex = n);
};
```

16. Pule uma linha, continue com os códigos abaixo:

```
// Função principal
function mostraSlide(n){
  // Obtendo o elemento HTML
  var slides = document.getElementsByClassName('slide');
```

17. Pule uma linha, continue com os códigos abaixo:

```
if(n > slides.length){
    slideIndex = 1;
 };
```

18. Pule uma linha, continue com os códigos abaixo:

```
if(n < 1){
    slideIndex = slides.length;
 };
```

19. Pule uma linha, continue com os códigos abaixo:

```
for(var i = 0; i < slides.length; i++){
    slides[i].style.display  = 'none';
 };
```

20. Pule uma linha, continue com os códigos abaixo:

```
slides[slideIndex - 1].style.display = 'block';
};
```

21. Pule uma linha, continue com os códigos abaixo:

```
// Chamando a função para mostrar o slide
mostraSlide(slideIndex);
```

22. Salve o arquivo.

23. Confira a seguir:

```
1  // Definindo a posição inicial
2  var slideIndex = 1;
3
4  // Obtendo o elemento HTML
5  modal = document.getElementById('Lightbox');
6
7  // Caso queira fechar o modal com a tecla ESC
8  document.querySelector('body').addEventListener('keydown', function(event) {
9      var tecla = event.key;
10     // Tecla ESC = 'Escape'
11     if(tecla == 'Escape') {
12         fechaLightbox();
13     }
14 });
15
16 // Caso queira fechar o modal clicando nele
17 modal.addEventListener('click', function(e) {
18     if (e.target == this) fechaLightbox();
19 });
20
21 // Função para abrir o modal
22 function abreLightbox() {
23     modal.style.display = 'block';
24 };
25
26 // Função para fechar o modal
27 function fechaLightbox() {
28     modal.style.display = 'none';
29 };
30
31 // Função para navegar entre os slides
32 function trocaSlide(n) {
33     mostraSlide(slideIndex += n);
34 };
35
36 // Função para abrir um slide específico
37 function vaParaSlide(n) {
38     mostraSlide(slideIndex = n);
39 };
40
41 // Função principal
42 function mostraSlide(n) {
43     // Obtendo o elemento HTML
44     var slides = document.getElementsByClassName('slide');
45
46     if (n > slides.length) {
47         slideIndex = 1;
48     };
49
50     if (n < 1) {
51         slideIndex = slides.length;
52     };
53
54     for (var i = 0; i < slides.length; i++) {
55         slides[i].style.display = "none";
56     };
57
58     slides[slideIndex - 1].style.display = 'block';
59 };
60
61 // Chamando a função para mostrar o slide
62 mostraSlide(slideIndex);
```

24. Esse script está todo comentado, para facilitar a identificação do código.

25. Observe que logo no início, na linha 2, você criou uma variável chamada *slideIndex*, que armazena o número do primeiro slide.

26. Na linha 5, você obteve o elemento '*Lightbox*'.

27. Na linha 8, você criou um evento "ouvinte", que percebe quando a tecla *ESC* for pressionada, e a janela modal se fecha.

28. Na linha 17, outro evento "ouvinte": agora, quando você clicar no modal, ele se fecha.

29. Na linha 22, você criou a função para abrir o modal atribuindo '*block*' à propriedade *display* de CSS.

30. Na linha 27, o oposto. Se atribuir '*none*' à propriedade *display*, o modal será fechado.

31. Na linha 32, você criou a função para trocar os slides, observe o operador +=.

32. Na linha 37, você criou a função para ir para um slide específico, aqui usando o operador =.

33. Por fim, na linha 42, você criou a função principal, chamada *mostraSlide()*, que recebe um parâmetro; esse parâmetro é passado na última linha do código (linha 62).

34. Para executar, abra a pasta *12-atividades-projeto* e clique duas vezes no arquivo *lightbox.html*.

35. Veja a galeria de imagens e confira a figura 12.2:

Figura 12.2. Galeria de imagens com efeito lightbox

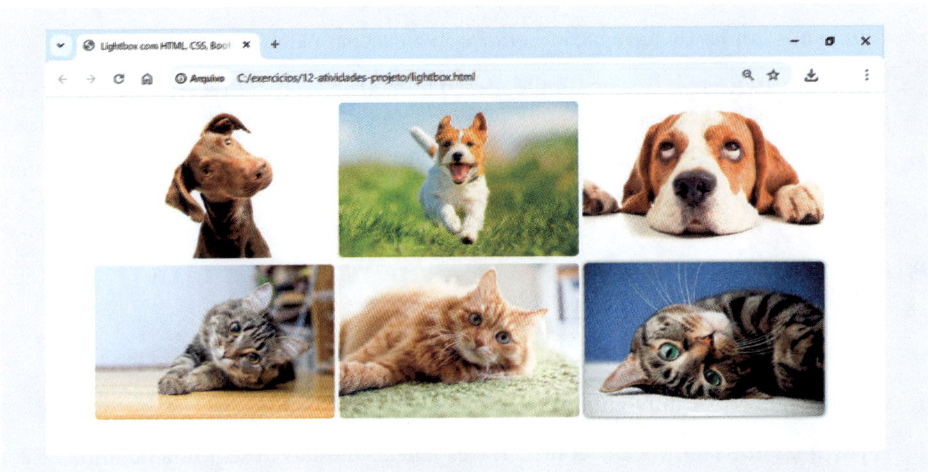

36. Clique em qualquer imagem para o lightbox ser aberto. Confira a figura 12.3 a seguir:

Figura 12.3. Galeria de imagens com efeito lightbox – Detalhe para imagem ampliada

37. Observe que a imagem é aberta ocupando toda a tela, e nela se encontram os botões de navegação, *para frente* e *para trás*, e acima, no canto superior direito, o botão *fechar*.

38. Clique nos botões de navegação *Voltar* e *Avançar* para alterar as imagens.

39. Para fechar, você tem três possibilidades: o botão *fechar*, clicar na área escura fora da imagem ou apertar a tecla *ESC*.

40. Lembre-se: o arquivo *lightbox.css* que se encontra na pasta *12-atividades-projeto/css* complementa esse arquivo com as devidas formatações.

Atividade 3 – Criar links para abrir textos em uma janela modal

1. Abra o arquivo *modal.html* localizado na pasta *12-atividades-projeto.*
2. Observe que esse arquivo tem três parágrafos com três links.
3. A partir da linha 45, você encontra as três janelas modais (a segunda na linha 58 e a terceira na linha 71).
4. Na linha 83 há uma div com um Id chamado *fundo*, que fará a máscara para cobrir a tela.
5. Por fim, nas linhas 88 e 90, as chamadas para o jQuery via CDN e o arquivo externo *modal.js* que você vai criar em seu editor de códigos.
6. Em seu editor de códigos, crie um arquivo novo e salve como *modal.js* no seguinte caminho: *12-atividades-projeto/js.*

7. Digite o código abaixo:

```
$(document).ready(function(){
  // Função principal para abrir o modal
  $('a[name=modal]').click(function(e){
    // Previne o comportamento default do objeto
    e.preventDefault();
```

8. Pule uma linha, continue com os códigos abaixo:

```
var id = $(this).attr('href');
    var largura = $(window).width();
    var altura = $(document).height();
```

9. Pule uma linha, continue com os códigos abaixo:

```
$('#fundo').css({'width': largura, 'height': altura
    });
```

10. Pule uma linha, continue com os códigos abaixo:

```
$('#fundo').fadeIn(1000);
    $('#fundo').fadeTo('slow', 0.8);
```

11. Pule uma linha, continue com os códigos abaixo:

```
// Obtém a largura e altura da janela
    var winH = $(window).height();
    var winW = $(window).width();
```

12. Pule uma linha, continue com os códigos abaixo:

```
// Posiciona o modal no centro da tela
    $(id).css('top', winH/2 - $(id).height()/2);
    $(id).css('left', winW/2 - $(id).width()/2);
    $(id).fadeIn(2000);
  });
```

13. Pule uma linha, continue com os códigos abaixo:

```
// Quando clicar no botão fechar do modal1
  $('#modal1 .fechar').click(function(e){
    e.preventDefault();
    // Oculta o fundo e o modal
    $('#fundo').hide();
    $('#modal1').hide();
  });
```

14. Pule uma linha, continue com os códigos abaixo:

```
// Quando clicar no botão fechar do modal2
  $('#modal2 .fechar').click(function(e){
    e.preventDefault();
    // Oculta o fundo e o modal
    $('#fundo').hide();
    $('#modal2').hide();
  });
```

15. Pule uma linha, continue com os códigos abaixo:

```
// Quando clicar no botão fechar do modal3
  $('#modal3 .fechar').click(function(e){
    e.preventDefault();
    // Oculta o fundo e o modal
    $('#fundo').hide();
    $('#modal3').hide();
  });
```

16. Pule uma linha, continue com os códigos abaixo:

```
// Quando clicar no fundo o modal também fecha
  $('#fundo').click(function(){
    $(this).hide();
    $('#modal1').hide();
    $('#modal2').hide();
    $('#modal3').hide();
  });
```

17. Pule uma linha, continue com os códigos abaixo:

```
// Caso queira fechar o modal com a tecla ESC
  $(document).keyup(function(e){
    if(e.keyCode == 27){
      $('#fundo').hide();
      $('#modal1').hide();
      $('#modal2').hide();
      $('#modal3').hide();
    }
  });
});
```

18. Salve o arquivo.

19. Confira a seguir:

```
$(document).ready(function() {
  // Função principal para abrir o modal
  $('a[name=modal]').click(function(e) {
    // Previne o comportamento default do objeto
    e.preventDefault();

    var id = $(this).attr('href');
    var largura = $(window).width();
    var altura = $(document).height();

    $('#fundo').css({
      'width': largura,
      'height': altura
    });

    $('#fundo').fadeIn(1000);
    $('#fundo').fadeTo("slow", 0.8);

    //Obtém a largura e altura da janela
    var winH = $(window).height();
    var winW = $(window).width();

    //Posiciona o modal no centro da tela
    $(id).css('top',  winH/2 - $(id).height()/2);
    $(id).css('left', winW/2 - $(id).width()/2);
    $(id).fadeIn(2000);
  });

  // Quando clicar no botão fechar do modal1
  $('#modal1 .fechar').click(function (e) {
    e.preventDefault();
    // Oculta o fundo e o modal
    $('#fundo').hide();
    $('#modal1').hide();
  });

  // Quando clicar no botão fechar do modal2
  $('#modal2 .fechar').click(function (e) {
    e.preventDefault();
    // Oculta o fundo e o modal
    $('#fundo').hide();
    $('#modal2').hide();
  });

  // Quando clicar no botão fechar do modal3
  $('#modal3 .fechar').click(function (e) {
    e.preventDefault();
    // Oculta o fundo e o modal
    $('#fundo').hide();
    $('#modal3').hide();
  });

  // Quando clicar no fundo o modal também fecha
  $('#fundo').click(function () {
    $(this).hide();
    $('#modal1').hide();
    $('#modal2').hide();
    $('#modal3').hide();
  });

  // Caso queira fechar o modal com a tecla ESC
  $(document).keyup(function(e) {
    if (e.keyCode == 27) {
      $('#fundo').hide();
      $('#modal1').hide();
      $('#modal2').hide();
      $('#modal3').hide();
    }
  });
});
```

20. Observe a função principal na linha 3: todos os links com a propriedade *name* = *modal*, quando clicados, têm a função de abrir o modal e posicioná-lo no centro da tela.

21. Nas linhas 30, 38 e 46, você digitou as funções para quando for clicado o botão fechar de cada janela modal.

22. Na linha 54, a função para fechar os modais ao clicar no fundo da janela.

23. Na linha 62, uma função que possibilita fechar o modal pressionando a tecla *ESC*.

24. Para executar, abra a pasta *12-atividades-projeto* e clique duas vezes no arquivo *modal.html*.

25. Confira a figura 12.4:

Figura 12.4. Links para janela modal

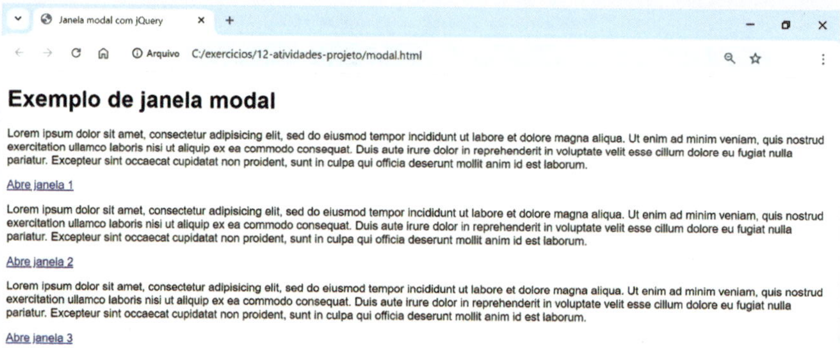

26. Clique em um dos links para abrir uma janela modal e confira a figura 12.5:

Figura 12.5. Janela modal

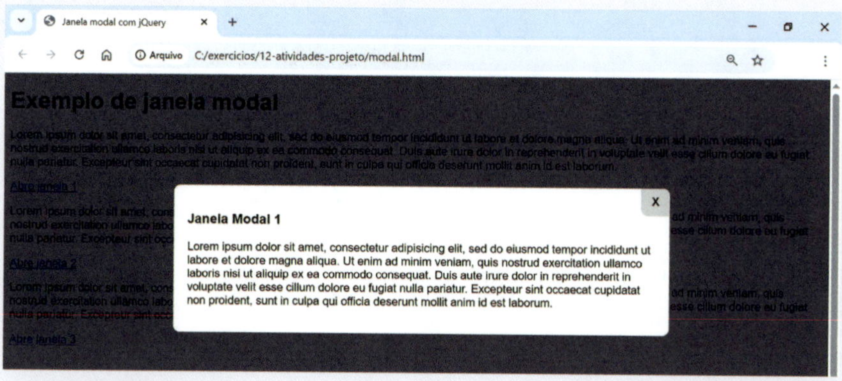

27. Observe que a janela modal é aberta no centro da tela. Para fechá-la você pode pressionar o botão *Fechar*, clicar na área escura da tela ou pressionar a tecla *ESC*.

28. Lembre-se: o arquivo *modal.css* que se encontra na pasta *12-atividades-projeto/css* complementa esse arquivo com as devidas formatações.

Atividade 4 – Conhecer o jQuery validation (validação de formulário)

1. Abra o arquivo *validaform.html* localizado na pasta *12-atividades-projeto*.
2. Observe que esse arquivo já possui um formulário. Em todos os campos, a propriedade *required* deve existir para que o jQuery validation funcione corretamente.
3. Na linha 43 já existe a chamada para o jQuery via CDN.
4. Na linha 46, a chamada para o arquivo *jquery.validate.js*, também via CDN, porém, essa linha está comentada, pois se o arquivo estiver on-line, as mensagens permanecerão em inglês.
5. Na linha 49, a chamada para o mesmo arquivo, porém, localizado na pasta *12-atividades-projeto/js* (esse arquivo já possui as traduções).
6. Na linha 53, você fará a chamada para ativar o validador.
7. Confira a seguir:

```
42      <!-- Inclusão do jQuery via CDN - https://releases.jquery.com/ -->
43      <script src="https://code.jquery.com/jquery-3.7.1.min.js" integrity="sha256-/JqT3SQfawRcv/
        BIHPThkBvs0OEvtFFmqPF/lYI/Cxo=" crossorigin="anonymous"></script>
44
45      <!-- Inclusão do Plugin jQuery Validation - https://jqueryvalidation.org/ -->
46      <!--script src="https://cdn.jsdelivr.net/npm/jquery-validation@1.19.5/dist/jquery.validate.js"></script-->
47
48
49      <!-- O Plugin baixado com as traduções -->
50      <script src="js/jquery.validate.js"></script>
51
52      <!-- Inclusão das validações com o Plugin jQuery Validation-->
53      <script>
54
55      </script>
56  </body>
57  </html>
```

8. Abra o arquivo *jquery.validate.js* que se encontra na pasta *12-atividades-projeto/js*.
9. O objetivo é mostrar onde se encontram as frases já traduzidas. Caso você baixe o arquivo on-line, será necessário traduzir as mensagens.

10. Localize a linha 371. Até a linha 387 estão as mensagens já traduzidas. Confira a seguir:

```
371    messages: {
372        required: "O campo é obrigatório.",
373        remote: "Por favor, corrija este campo.",
374        email: "Por favor, digite um e-mail válido.",
375        url: "Por favor, digite um URL válido.",
376        date: "Por favor, digite um data válida.",
377        dateISO: "Por favor, insira uma data válida (ISO).",
378        number: "Por favor, digite um número válido.",
379        digits: "Por favor digite apenas dígitos.",
380        equalTo: "Por favor, entre com o mesmo valor novamente.",
381        maxlength: $.validator.format( "Por favor não insira mais que {0} caracteres." ),
382        minlength: $.validator.format( "Por favor insira pelo menos {0} caracteres." ),
383        rangelength: $.validator.format( "Por favor, insira um valor {0} e {1} caracteres." ),
384        range: $.validator.format( "Por favor, insira um valor entre {0} e {1}." ),
385        max: $.validator.format( "Por favor, insira um valor menor ou igual a {0}." ),
386        min: $.validator.format( "Por favor, insira um valor maior ou igual a {0}." ),
387        step: $.validator.format( "Por favor, insira um valor múltiplo de {0}." )
388    },
```

11. Você vai ver que é muito simples usar o jQuery validation, confira os requisitos:
    - Ter um formulário em HTML.
    - Em todos os campos que você deseja validar deve haver a propriedade *required*.
    - Ter a chamada para o jQuery no final do arquivo.
    - Ter a chamada para o jQuery validation no final do arquivo.
    - Fazer a chamada do validador (esta parte é com você!).
12. Volte no arquivo *validaform.html* e clique na linha 53 para criar a chamada do validador. Não se esqueça de indentar o código.
13. Digite o código abaixo:

    ```
    $('#form1').validate();
    ```

14. Salve o arquivo. Sim! É somente isso!
15. Atenção apenas para o Id do seu formulário. Nesse caso, no arquivo *validaform.html*, o Id do formulário é *form1*.
16. Para executar, abra a pasta *12-atividades-projeto* e clique duas vezes no arquivo *validaform.html*.

17. Confira a figura 12.6:

Figura 12.6. Validação de formulário com jQuery Validation

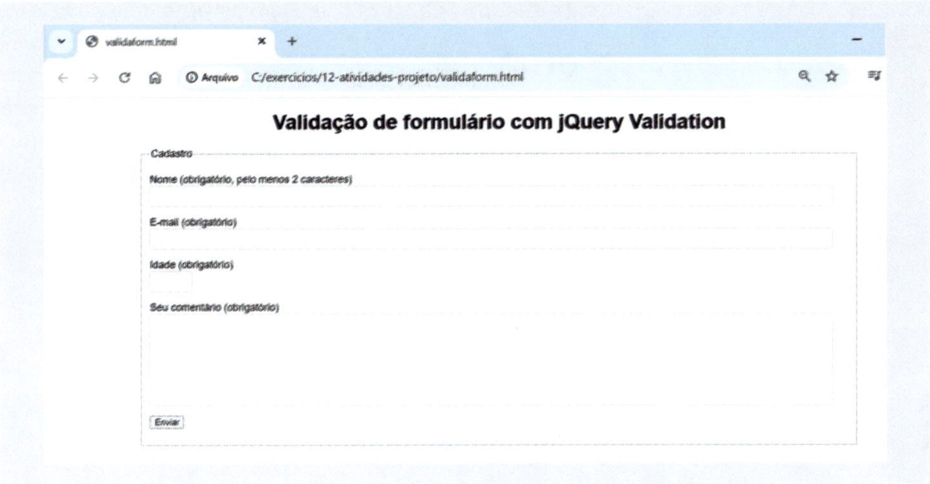

18. Assim que o arquivo for aberto, clique no botão *Enviar* sem preencher nenhum campo.
19. Observe as mensagens de erro abaixo de cada campo do formulário. Nesse momento, a mensagem *O campo é obrigatório* apareceu, pois nenhum campo foi preenchido.
20. Confira a figura 12.7:

Figura 12.7. Validação de formulário com jQuery Validation – Detalhe para mensagens de erro

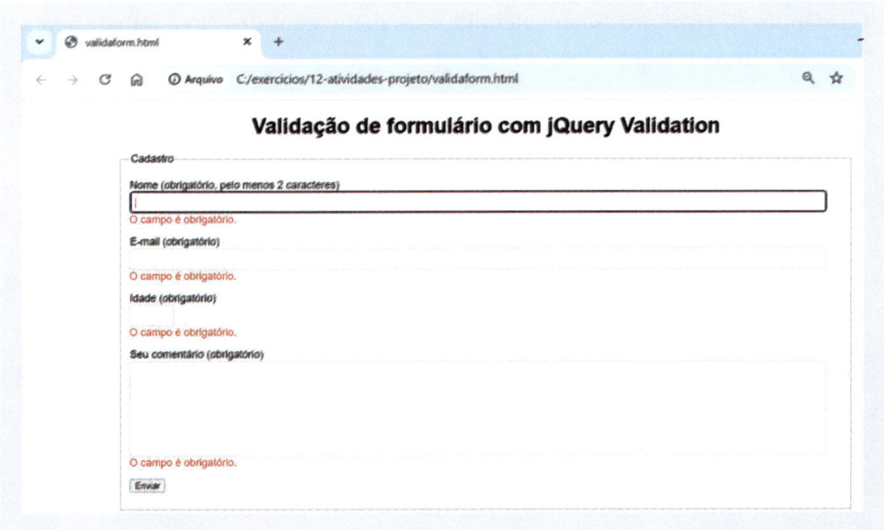

21. Digite apenas uma letra no campo nome e confira a figura 12.8:

Figura 12.8. Validação de formulário com jQuery Validation – Detalhe para a quantidade de caracteres

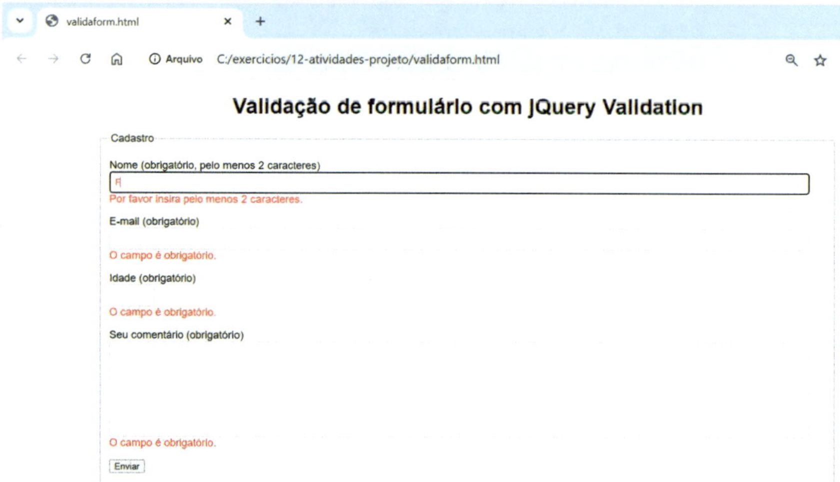

22. Veja que agora a mensagem mudou para *Por favor, insira pelo menos 2 caracteres.*

23. Essa mensagem apareceu porque no arquivo *validaform.html*, na linha 20, já existe a propriedade *minlength* definida como *2*. Esse número é passado como parâmetro para a mensagem que se encontra na linha 382 do arquivo *jquery.validate.js*, e assim para os demais erros.

24. Caso todos os requisitos sejam atendidos, as mensagens de erro desaparecem automaticamente, conforme a figura 12.9.

Figura 12.9. Validação de formulário com jQuery – Campos validados

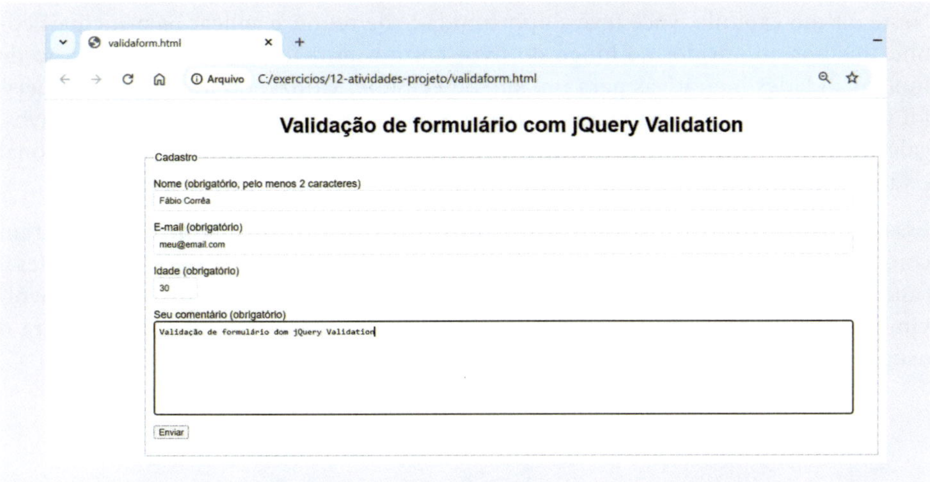

25. As mensagens de erro aparecem em uma classe chamada *error*, que você pode personalizar como quiser.

26. No exemplo abaixo, podemos observar a classe utilizando o *inspecionar código*.

27. Confira a figura 12.10:

Figura 12.10. Validação de formulário com jQuery Validation – Detalhe para o inspetor de código (classe *error*)

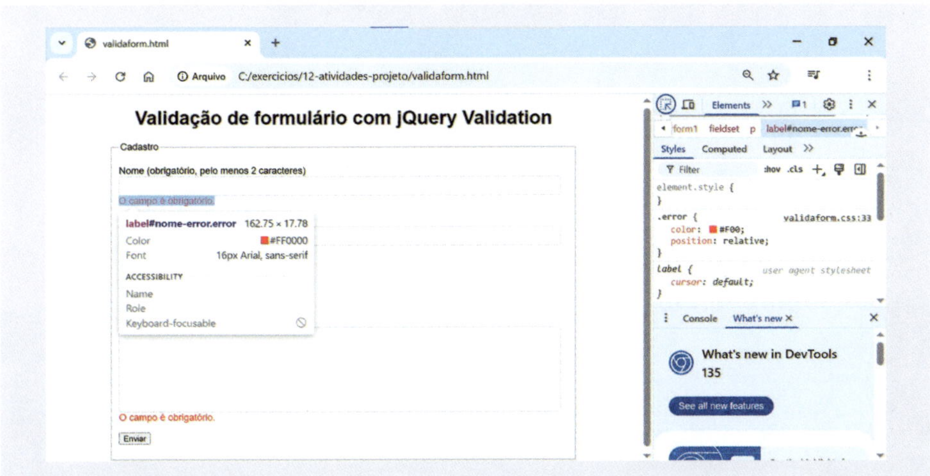

28. Lembre-se: o arquivo *validaform.css*, que se encontra na pasta *12-atividades-projeto/css* complementa esse arquivo com as devidas formatações.

Síntese do aprendizado

Neste último capítulo, você teve a oportunidade de reunir e aplicar os principais conhecimentos adquiridos ao longo do livro em um projeto prático: a construção de funcionalidades interativas para um site de PetShop. Utilizando JavaScript e jQuery, foi possível adicionar dinamismo às páginas, com recursos como banners rotativos, galerias de imagens com efeito lightbox, modais para exibição de conteúdo adicional e validação inteligente de formulários.

Essas práticas não apenas reforçam o conteúdo estudado, como também demonstram como o JavaScript pode transformar páginas estáticas em experiências envolventes e funcionais. Ao final deste capítulo, você deu um passo importante rumo ao desenvolvimento web moderno, com páginas mais atrativas, interativas e preparadas para o usuário final.

Referências

.ANIMATE(). **jQuery**, 2010. Disponível em: https://api.jquery.com/animate/. Acesso em: 1 maio 2025.

ARRAYS. **MDN Web Docs**, 2025. Disponível em: https://developer.mozilla.org/pt-BR/docs/Learn_web_development/Core/Scripting/Arrays. Acesso em: 28 mar. 2025.

BREAK. **MDN Web Docs**, 2015. Disponível em: https://developer.mozilla.org/pt-BR/docs/Web/JavaScript/Reference/Statements/break. Acesso em: 6 abr. 2025.

CONTINUE. **MDN Web Docs**, 2015. Disponível em: https://developer.mozilla.org/pt-BR/docs/Web/JavaScript/Reference/Statements/continue. Acesso em: 6 abr. 2025.

CREATING CSS carousels. **MDN Web Docs**, 2025. Disponível em: https://developer.mozilla.org/en-US/docs/Web/CSS/CSS_overflow/CSS_carousels. Acesso em: 3 maio 2025.

<DIALOG>: O elemento Dialog. **MDN Web Docs**, 2025. Disponível em: https://developer.mozilla.org/pt-BR/docs/Web/HTML/Reference/Elements/dialog. Acesso em: 3 maio 2025.

EXAMPLES of web and XML development using the DOM. **MDN Web Docs**, 2021. Disponível em: https://developer.mozilla.org/pt-BR/docs/Web/API/Document_Object_Model/Examples. Acesso em: 22 abr. 2025.

FAZER lâmpada acender e apagar. **Stack Overflow**, 2021. Disponível em: https://pt.stackoverflow.com/questions/295004/fazer-l%c3%a2mpada-acender-e-apagar. Acesso em: 22 abr. 2025.

FORM data validation. **MDN Web Docs**, 2024. Disponível em: https://developer.mozilla.org/pt-BR/docs/Learn_web_development/Extensions/Forms/Form_validation. Acesso em: 3 maio 2025.

FUNÇÕES. **MDN Web Docs**, 2015. Disponível em: https://developer.mozilla.org/pt-BR/docs/Web/JavaScript/Guide/Functions. Acesso em: 13 abr. 2025.

INTRODUÇÃO a eventos. **MDN Web Docs**, 2025. Disponível em: https://developer.mozilla.org/pt-BR/docs/Learn_web_development/Core/Scripting/Events. Acesso em: 3 mai. 2025.

INTRODUÇÃO ao DOM. **MDN Web Docs**, 2021. Disponível em: https://developer.mozilla.org/pt-BR/docs/Web/API/Document_Object_Model/Introduction. Acesso em: 22 abr. 2025.

JAVASCRIPT e CSS. **MDN Web Docs**, 2024. Disponível em: https://developer.mozilla.org/pt-BR/docs/Learn_web_development/Core/Scripting/DOM_scripting. Acesso em: 22 abr. 2025.

LAÇOS e iterações. **MDN Web Docs**, 2014. Disponível em: https://developer.mozilla.org/pt-BR/docs/Web/JavaScript/Guide/Loops_and_iteration. Acesso em: 28 mar. 2025.

NOÇÕES básicas de JavaScript. **MDN Web Docs**, 2024. Disponível em: https://developer.mozilla.org/pt-BR/docs/Learn_web_development/Getting_started/Your_first_website/Adding_interactivity. Acesso em: 28 mar. 2025.

O BÁSICO sobre objetos JavaScript. **MDN Web Docs**., 2024. Disponível em: https://developer.mozilla.org/pt-BR/docs/Learn_web_development/Core/Scripting/Object_basics. Acesso em: 13 abr. 2025.

OPERADORES. **MDN Web Docs**, 2014. Disponível em: https://developer.mozilla.org/pt-BR/docs/Web/JavaScript/Reference/Operators. Acesso em: 28 mar. 2025.

PARSEFLOAT(). **MDN Web Docs**, 2015. Disponível em: https://developer.mozilla.org/pt-BR/docs/Web/JavaScript/Reference/Global_Objects/parseFloat. Acesso em: 6 abr. 2025.

PARSEINT(). **MDN Web Docs**, 2014. Disponível em: https://developer.mozilla.org/pt-BR/docs/Web/JavaScript/Reference/Global_Objects/parseInt. Acesso em: 6 abr. 2025.

TOMANDO decisões no seu código - condicionais. **MDN Web Docs**, 2025. Disponível em: https://developer.mozilla.org/pt-BR/docs/Learn_web_development/Core/Scripting/Conditionals. Acesso em: 6 abr. 2025.

TRABALHANDO com objetos. **MDN Web Docs**, 2015. Disponível em: https://developer.mozilla.org/pt-BR/docs/Web/JavaScript/Guide/Working_with_objects. Acesso em: 13 abr. 2025.

WHAT is jQuery? **jQuery**, 2004. Disponível em: https://jquery.com/. Acesso em: 1º maio 2025.

Sobre o autor

Fábio Corrêa é graduado em processamento de dados, com pós-graduação em gestão educacional e em docência para a educação profissional pelo Senac Rio de Janeiro, e em mídias na educação pelo Senac São Paulo. Atua há mais de 30 anos como educador no Senac São Paulo, ministrando cursos na área de tecnologia da informação, com ênfase em lógica de programação, linguagens como C#, HTML, CSS, JavaScript, além de banco de dados como SQL Server e MySQL. Entusiasta de elétrica, eletrônica e plataformas como Arduino, Fábio é apaixonado por inovação e por transformar o aprendizado técnico em experiências significativas para seus alunos.